网球运动的教学与训练实践研究

董伟家 著

延吉·延边大学出版社

图书在版编目（CIP）数据

网球运动的教学与训练实践研究 / 董伟家著. -- 延
吉：延边大学出版社，2023.6
ISBN 978-7-230-05054-8

Ⅰ. ①网… Ⅱ. ①董… Ⅲ. ①网球运动－教学研究
Ⅳ. ①G845.2

中国国家版本馆 CIP 数据核字(2C23)第 098425 号

网球运动的教学与训练实践研究

著　　者：董伟家
责任编辑：马少丹
封面设计：文合文化
出版发行：延边大学出版社
地　　址：吉林省延吉市公园路 977 号　　　邮　编：133002
网　　址：http://www.ydcbs.com　　　E-mail：ydcbs@ydcbs.com
电　　话：0433-2732435　　　传　真：0433-2732434
印　　刷：延边延大兴业数码印务有限责任公司
开　　本：787 毫米×1092 毫米　1/16
印　　张：13.5
字　　数：260 千字
版　　次：2023 年 6 月第 1 版
印　　次：2023 年 6 月第 1 次印刷
书　　号：ISBN 978-7-230-05054-8

定　　价：49.80 元

前　言

在众多体育运动项目中，网球属于一项高雅、时尚的运动项目，深受社会大众喜爱。同时，在体育教学中，网球也是教学的核心部分。但在教学过程中，网球课程容易受到一些主、客观因素的影响，比如，天气差、课时安排不合理、学生基础差、教师经验缺乏等问题突出等，都会导致网球教学效率和质量低下。面对这种情况，需要以新的教育指导思想为纽带，全面优化网球体育教学，不断创设良好的体育教学环境，为提高学生网球水平做好铺垫。

我国网球运动教学大多都采取大班教学的模式。大班制模式既是我国人才培养模式的直观展示，也显示了我国体育教学的连贯性和稳定性。体育大班教学在一定情况下可以体现人才优势和聚集效应，可以充分利用教育资源，使教师资源得到最大化的利用，集中教育。但是，由于师资设置、场地设置、课时设置等方面的原因，几十个人的大班人数太多，课时过少，导致教学效果大打折扣。在这种情况下，教师们不能在有限的教学场地充分照顾到每一个学生的状况，而学生也不能在有限的场地和课时内，充分理解教师的教学内容，更无法在有限的场地内进行充分的训练，即使教师的理论内容讲述得十分到位，不进行充分的训练，对于网球运动来说也不过是纸上谈兵，久而久之，这必然会使学生们积极性下降，不利于网球运动的普及和发扬。

本书以网球运动基础知识为切入点，在分析网球运动基础理论的基础上，对运动者参与网球运动的科学准备进行了详细的分析。并分别就网球运动的教学理论、训练理论、体能训练以及网球技战术教学等进行了全面、系统的分析和实践指导，最后对网球运动损伤与防治以及网球运动赛事做了详尽的介绍。本书理论结合实际，有很高的使用价值与学术价值，适合大众网球教学从业者与网球爱好者借鉴参考。

本书在撰写过程中，参考、借鉴了大量著作与部分学者的理论研究成果，在此表示感谢。由于作者精力有限，加之行文仓促，书中存在疏漏与不足之处，望各位专家学者与广大读者批评指正，以使本书更加完善。

目　录

第一章　网球运动概述

第一节　网球运动的基础知识

一、网球运动的特点与作用

网球运动是一项深受人们喜爱、富有乐趣的体育运动，具有很高的锻炼价值。它既是一种自我娱乐和增进健康的手段，又是一种艺术追求和享受，同时还是一个观赏性很强的体育竞赛项目。

（一）网球运动的特点

1.网球比赛的职业化

过去网球的重大比赛一直不允许职业球员参加，直到 1968 年国际网球联合会（ITF）取消了这一禁令，世界各大赛事才充满了职业色彩。当今四大满贯和不同级别的大奖赛、巡回赛以及独资赞助的大赛都设立了高额奖金，在高额奖金的刺激下，优秀网球选手进行的早期专项训练和比赛等都推动了网球训练的变革和技术水平的提高。职业化刺激了网球运动的高速发展。

2.比赛场地多样化

由沥青和混凝土铺垫，其上覆有塑胶面层的硬地球场，球速快，适合进攻型打法，被广泛应用于各大赛事。温布尔登网球公开赛的比赛场地是草地球场，法国网球公开赛使用的是红土场地，还有人造草地、合成材料的地毯等新型场地。不同性能的场地的球速和弹跳规律不同，跑动步法和调整方式也不同，这就要求运动员应具有广泛的适应能力。多样化的比赛场地促进了运动员技术的全面提高。

3.比赛时间长、强度大

一场高水平的女子单打（3 盘）比赛可进行 2 小时以上，男子单打（5 盘）可持续 3~5 小时，甚至更长。随着快速场地的使用和网前战术的发展，比赛的跑动量有减少的趋势，但跑动的强度在增加，前后快速跑动、跨步、跳跃动作也在增加。

4.发球方法独特

在网球运动规则中，参加运动的双方在一局中由一人连续发球，直到该局结束，此局被称为发球者的发球局。每球均有两次机会，即一发失误还有二发，这是促使发球质量不断提高的主要原因。男子选手发球的速度可达 200km/h 以上，女子选手的发球速度也在 200km/h 左右。而正常的击球速度远不及发球速度，正因如此，在实力均衡的比赛中，发球方总能占据一定的优势。

5.心理素质要求高

网球单项比赛是不允许教练指导的，运动员必须独自处理球场上发生的一切。长时间、高强度的比赛需要运动员具备良好的心理素质，如超强的责任感和毅力，克服困难的勇气，情绪稳定，对自己的实力充满信心，有强烈的竞争意识，在大赛中不畏强手、敢于拼搏等。

（二）网球运动的锻炼价值

网球是一项时尚的健身运动，也是世界上最流行的运动项目之一，曾被冠以"高雅运动""贵族运动"以及"文明运动"。当下，许多人将观看重要的网球比赛作为休闲、度假的主要内容。网球运动的作用主要包括以下几个方面。

1.增强体质，促进健康

网球运动是一项男女老少皆宜的体育运动，运动量可根据个人情况自行调节。经常练习网球，可以使人们动作敏捷、反应迅速，能提高人们的速度、力量、柔韧性、灵敏度等，对改善人体运动系统、循环系统、呼吸系统、神经系统以及抵抗各种疾病、提高适应外界的能力都有重要的作用。

2.培养良好的意志和作风

在网球运动中，特别是在比赛中，双方通过进攻与防守，控制与反控制，既斗智，又斗勇，不仅能锤炼个人的意志品质和心理素质，而且有利于培养拼搏进取的作风以及胜不骄、败不馁的道德风尚，有利于提高克服各种困难的勇气。

3.团结协作，增进友谊

练习网球需要有对手或球友。通过网球运动可以交流球技，增进友谊。特别是参加双打比赛，可以培养相互信赖、团结协作、密切配合的合作意识。网球还是一项社交活动，可以促进球员之间彼此的沟通合作和理解。

4.愉悦身心，陶冶情操

网球比赛具有较强的观赏性。场上热烈的气氛，激烈的争夺，能使广大观众如醉如痴、豪情满怀。运动员所表现出的顽强斗志、潇洒的作风以及精湛的技艺，都令人赏心悦目，可以使观众从中得到一种精神享受。

5.培养文明礼仪素养

经过一个多世纪的传承而形成的网球文化礼仪，其倡导的是文明、礼貌、高雅的行为举止，在网球运动中，球员与球员、教练、观众之间始终以礼相待，举止文明，有礼节、有涵养的运动员会受到大家的欢迎。作为一个尊重运动员的观众，在观赏网球比赛时，中途不能随意走动和发出声音，这是基本的球场礼仪。

（三）网球运动的发展趋势

网球运动正朝着更加积极主动的方向发展。世界网坛高手云集、群英荟萃，引领当今网坛潮流的技术型打法和力量型打法选手争奇斗艳，技术与力量的完美结合已成为网球技术的发展趋势。女子网球运动近年来发展迅速，网球技术特点有男子化的趋势，引起人们的普遍关注。

当今网球发展趋势主要有以下几个方面。

快速：并不是指击球或跑动一味求快，而是一种急停、急起、急转的专项速度，且预判能力在快速移动中仍能保持相对稳定，是一种有节制的、专项的快速，这种快速与一个人对球的预判有很大关系。

进攻：现代网球讲究进攻，强调培养进攻意识。传统观念里，球员应站在底线范围击球，谁失误少谁取胜的机会就大。而现今网球发展的方向，强调的是一种进攻意识，以攻为守，即进攻是最好的防守。

全面：这里所说的"全面"并不等于面面俱到，而应当是在没有明显技术缺陷的情况下特长突出的全面，绝对的全面是不可能的。

变化：改变打法的单一性，根据不同的对手采用不同的打法，方法越多越好。如果能以同一种击球姿势击出不同方向、不同角度、不同旋转速度的球，将会增加对手回球的难度。

稳定：不是指要在某一次击球或是某一次比赛中稳定发挥，而是要在整个赛事中或网球生涯中稳定发挥。

随着网球各种大赛奖金的提高，网球的职业化和商业化程度越来越高。

二、网球的分支项目

（一）软式网球

软式网球是从网球项目中衍生出来的一项运动，非奥运项目。软式网球诞生于日本的明治维新初期。当时，西方的传教士、商人将草地网球带到日本，于是在其繁华的城市中开始有了网球活动。但由于当时日本还不具备制作球和球拍的条件，而进口价格又比较昂贵，所以使用作为玩具的橡胶球代替网球进行活动，于是，软式网球在日本诞生。后来软式网球被正式列为比赛项目。目前，世界上有许多国家和地区开展这一运动，其中以日本、韩国水平最高。

软式网球的场地与网球场地相同，有沙地和沥青涂塑地等。软式网球球拍比网球拍要小，材料和网球拍差不多。其使用的球和硬式网球不一样，它使用的球为橡胶球，需要充气，并对气压有一定要求。软式网球的记分规则与网球也不太一样，软式网球比赛时间较短，要求队员能够很快进入状态，对队员心理素质要求较高。

软式网球的球场大小与一般的网球场相同，但是球网的高度为1.06米。比赛方式分为团体比赛、双打比赛及单打比赛。软式网球的比赛与一般网球不同，它实行的是一盘定胜负，双打比赛一盘进行9局，单打比赛一盘进行5局。

1990年，在北京举行的第十一届亚运会上，软式网球被列为表演项目。1994年，在日本广岛举办的第十二届亚运会上，软式网球被列为正式比赛项目。1987年，中国举行了首届全国软式网球邀请赛，1988 年改为全国软式网球锦标赛。在 1989 年第八届世界软式网球锦标赛和 1990 年第十一届亚运会上，中国男女队均取得团体赛第三名的成绩。

（二）短式网球

短式网球是在世界网球运动进入高速发展时期，国际网坛突出地表现"启蒙小，成长早"大趋势的情况下，针对儿童身心发育特点和负荷能力，遵循网球原理而创造的一种儿童网球运动。它具有网球运动的全部内涵，适合 5 岁以上的各个年龄段儿童的生理、心理特点，是对儿童进行网球启蒙训练的有效方法和手段，也是通过训练和正规网球接轨的必经之路。儿童一旦接受短式网球训练，就能在短时间内，规范地掌握网球技能，形成正确的网球意识，合理运用各种技术。

短式网球起源于 20 世纪 70 年代后期的瑞典，后来在欧美流行。现在世界各国普遍用来对儿童进行网球的启蒙训练。它对强化网球人口、培养网球人才、提高网球科学训练水平起到了积极的作用。短式网球的出现，克服并纠正了儿童成人化训练所产生的一切弊端，加上场地小、器材简单、投资少且便于掌握，深受教练、家长和儿童的欢迎。

短式网球的出现，引起了国际网球组织的高度重视。1990 年，首先是国际草地网球协会正式认可并接纳这项运动为发展规划项目。1995 年，国际网球联合会正式决定并颁布了短式网球推广计划，公认它是儿童训练的理想方法。

短式网球场地占地面积只有正规网球的三分之一（含球场外应留的空地）。标准球场长 13.4 米，宽 6.1 米，端线至挡网不少于 4 米，场地之间间隔 2 米。室外场地置南北向，国际草地网球协会制定的球场布局是网与发球中线于中点相交，场地呈长方形的"田"字形。端线后挡网高 3.5 米，侧挡网高 2 米，网柱高 0.85 米，网长 7 米，球网中央高 0.8 米，网柱之间的距离是 7 米，场地面材质不限，可以使用沙土、沥青、木板、塑胶等，地表平整即可。

第二节 网球运动术语与礼仪

一、网球常用术语

术语是某门学科领域中的专门用语。在体育领域中，各个运动项目均有术语。而每一个术语在该项运动中都具有严格和特定的含义，它正确地反映某一事物（动作或状态）的本质与结构特点。网球常用术语是正确说明网球运动的动作技术、战术、竞赛、裁判、器材等方面特征的专门用语。

正确地运用术语，对于提高教学训练效果，总结交流经验，开展运动竞赛，促进科学研究工作以及丰富和发展网球运动理论等方面，均具有重要的意义。

在运用术语时，总的要求是：正确、简练、易懂。网球常用术语很多，这里仅就在教学训练中最常用的术语作简略的介绍和必要的说明。

（一）选位

运动员在场上打球根据需要选择合适的位置称为选位。会选位是网球初学者的第一步，位置的选择要根据情况而定。比如，在单打比赛中，每击完一次球，必须跑回（特殊情况除外）中点附近，这就是合适的站位。位置选择是否合适，就是看你选择的站位是否有利于还击对方击到本方球场上各个不同位置的来球，如果不利于，那你的选位就错了。

（二）球场区分

球场以中点与中线的连线为界可分成左半场、右半场；没有中间界限叫全场；端线向前3米左右称为后场，球网向后4米左右称为前场，中间部分称为中场。

（三）正手、反手

握拍手的同侧称为正手，握拍手的异侧称为反手。

正、反手的用途主要有两点：一是与技术名称相连，表示一种技术动作，如正手抽球、正手高压球、反手截击球等；另一点是表示来球的方向，如来球正手、来球反手等。

（四）击球点

所谓击球点是指球拍击球时与球接触的那个点。这个点是一个空间位置。击球点包括三个方面的内容：第一是这个点距击球者身体的前后距离；第二是这个点距击球者身体的左右距离；第三是这个点距地面的垂直高度。

练习者用拍击球时，击球点选择得是否合适对击球的命中率有直接的影响。击球点过前，则击球无力；击球点偏后，则球拍前挥距离不够，没有主动击球的效果；击球点过高或过低又会使动作变形。选择正确的击球点能使合理的技术动作得以发挥，击球效果就好。不同的技术动作对击球点有不同的要求，需要在学习技术时认真领会，直至熟练掌握。

（五）拍面角度（拍形）和击球部位

拍面角度是指球拍击球时拍面与地面间的角度关系。击球部位是指球拍击球时触球的位置。拍面角度有垂直、前倾（关）、后仰（开）三种，击球部位有上、中、下和左、中、右几种。在有些击球中，球拍接触球的部位也有中上部、右下部等两个或多个部位结合的情况，因此具体情况应具体分析。

不同的技术动作要求控制成不同的拍形，不同的拍形使拍面接触球不同的部位。例如，平击球，拍面垂直，接触球的中部；削击球，拍面后仰，接触球的中下部；等等。由此可见，拍面控制如何是完成某一技术动作的重要因素。

（六）击球的路线

所谓击球的路线是指球被击出后所运行的轨迹在球场地面上的投影线。网球场地大，击球线路多，很难一一描述。在此，只能抓住几条主要的击球路线进行研究，举一反三，从而找出规律。

假如击球者从自己的右角将球打到对方的右角，球的路线与边线成较大的角度，这条线称为右方斜线；击球者从右角将球打到对方的左角，球的路线与边线平行，这条线称为右方直线；击球者从自己的右角将球打到对方球场中点附近，球的路线与边线成较小的角度，称为右方中路。相反，从左角将球打到对方的上述三点位置时，仍有三条球路，即左方斜线、左方直线、左方中路。若从自己的中点将球击到对方场地的三个位置，又可有中间斜线（两条）、中间直线四条线路，这是我们应用较多且区别明显的几条基本的击球路线。

在练习中对击球提出路线要求，是培养练习者控球能力的主要方法。如正手抽击斜线球练习，就是要求练习者用正手抽球技术将球打成斜线路，若打不准，说明练习者控制球的能力较差。

（七）击球的深度

击球的深度是指练习者击出的球将在场内距端线的远近程度。落点距端线近，即谓击球的落点深；落点距端线远，即谓击球的落点浅。击球时对落点提出深度要求，是提高练习者控球能力的重要方法。

要求练习者将球打深是有其战略意义的，是贯彻"练为战"指导思想的具体体现。球打得深，球飞行的时间长，能有较长的时间为还击对方击来的球做准备，是使自己摆脱被动争取主动的好方法；球打得深，球的弹跳越过端线，迫使对方在端线后击球，为对方上网截击增加了困难；球打得深，可以缩小对方回球的角度，缩短自己左右奔跑击球的距离，减少击球的难度，提高击球的命中率。总之，要求练习者将球打深，不仅是对技术提出的要求，更重要的是提高战术意识与战术方法的需要。

（八）击球的角度

击球的角度是指练习者击球后球的路线与原定参照物和击球点连线之间的角度关系。比如击右方斜线球：可将右边线作为参照物线，球的落点距左边线越近，则右方斜线击球的角度越大；若把对手作为参照物，球被击出后的落点距对手越远则击球的角度越大。

在练习中要求打角度大的球，其主要目的在于提高击球的攻击性。因为角度大可以调动对方，尤其是大角度的斜线球，能将对手拉到边线外，使对方场上出现空当，从而攻击空当得分。大角度球有时能直接得分，特别是在破网时打出角度大的球效果更明显。总之，对练习者提出打大角度球的要求，是提高技术水平的战术意识的需要。

（九）击球的速度

击球的速度，应当理解为从对方击出的球飞至网上到被我方击出触及对方场地内的物件（包括球落地、球被对方截击等）为止这段时间的长短。这里包括两段时间，一段是球至网上到球拍击球，另一段是从球拍击球到球触对方场内物件，因此使这两段时间减少，是提高击球速度的基本条件。减少第一段时间的方法是提前击球，最好球一过网就击打，比如截击球、高压球就是加快这一段击球速度的具体方法；减少第二段时间的方法是加快球运行的速度和缩短从击球点到触及对方场内物件的距离。

加快击球速度的目的是缩短对方观察、判断、分析、选择及运动击球这一"连锁"的时间，使对方匆忙、勉强、被动地还击，从而使其击球的命中率降低和击球的威胁性减小。

（十）击球的力量

练习者击球力量的大小，是通过球运行的快慢表现出来的。据公式 $Ft=mV$ 可知，当球拍作用于球的时间 t 不变时（网球的质量 m 也是不变的），球拍给球的作用力 F 越大，球向前飞行的速度 V 就越快。所以说，力量大，尤其是爆发力强的人，也就是击球力量比较好的人，打出的球向前飞行的速度就快。

击球力量的主要作用是：球快速飞向对方场地时，要求接球者的判断、移动、击球等一系列动作必须快，而在快中击球容易失误，所以给接球者增加了击球的难度；快速飞行的球给接球者球拍的作用力大，球的反弹力也大，如接球者控制不好，球就有可能出界；球快，接球者容易看不清球飞行的路线，经验不足的人，容易击球失误。

要想增加击球的力量，就必须从以下几点做起。

（1）注意力量练习，使腿、腰、臂的力量不断增加，并在整个击球过程中，能做到各部分力量协调配合。

（2）击球时拍面应尽量保持垂直，减少对球的摩擦，力量完全用在打击球上。

（3）击球时引拍动作稍大些，增加球拍前挥的加速距离，在球拍向前挥动速度最快时击球。

（4）要选择合适的击球点，即在球拍前挥速度达到最快，整个身体感到最舒服的那个点击打。

（5）整个击球过程中，全身肌肉不要太紧张，以免影响肌肉的收缩发力效果。

（十一）击球的落点

球被击出后，落在对方场地内的那个位置，就叫作击球的落点。落点是路线的一个重要组成部分，但又与路线有区别，比如：同一个斜线球，由于球的落点不同，其斜线的效果也不一样。在斜线上有深球、浅球之分，又有球打在后场、中场、前场之别；同是深球，落点不同，又有左、中、右之分；同一条斜线，又可打出大角度球和小角度球。因此，击球的落点能体现出击球的路线、击球的深浅场区和击球的角度。

落点的作用是利用斜、直线和深、浅球扩大对方移动的范围；盯住对方的弱点连续攻击，增加对方击球的难度；利用假动作，声东击西，使对方判断错误，失去有利的击球时机。

练习者只有充分认识击球落点的重要性，并经常有针对性地进行落点球练习，才能提高控制击球落点的能力。

（十二）击球的旋转

击球时，球拍给球的作用力线路不通过球心时，球就会产生旋转，旋转的球在空中飞行的弧线、落地后弹起的弧线与不旋转的球不一样，我们研究击球的旋转，目的一是要利用它，二是会对付它。

在网球运动中常见的旋转有三种：第一种是上旋球，它是由球拍稍前倾，从下向前上擦击球的中上部而产生的。这种球的特点是在空中飞行时下落比较快，落地后向前冲，弹得低而快。第二种是下旋球，它是由稍后仰的球拍从上向前下擦击球的中下部而产生的。这种球的特点是落地后弹得高，球不往前走。第三种是侧顺旋和侧逆旋，它是由侧后仰的球拍由左后上或右后上向右前下或左前下擦击球的左中下或右中下部而产生的。它的主要特点是落地后向左、右两侧跳。

旋转的作用是利用旋转制造合适的击球弧线，提高击球的命中率；还可利用旋转的变化干扰、破坏对方的击球，使对方击球失误。

提高击出旋转球的能力要通过用力摩擦球的方法来实现。对付旋转球要视旋转种类区别对待，截击下旋球时拍面要稍后仰些，以防下网；抽击下旋球时要多向上用力，弧线高点儿，遇到侧逆或侧顺旋球，要降低重心，球拍在正常弹跳的右侧或左侧等球。

（十三）击球的弧线

击球的弧线是指球从被击出后到落到对方场地所运行的轨迹和从对方场地弹起后到触及场内其他物件（地面、拦网等）时运行的轨迹。任何一条弧线都包括弧线的长度、弧线的曲度、弧线的方向和打出的距离。弧线的长度是指球从球拍飞出到落地或从落地到触及其他物件实际运行的轨迹的长度。弧线的曲度是该条弧线的弯曲程度。弧线的方向与球路相仿，有斜、直线及中路之分。打出的距离是指球拍触球点到落点的直线距离。

弧线的作用是提高击球的稳健性。在球网相隔的两半场地上击球，球多以弧线的形式来回运行才能免于落网。因此，练习者不管是想打直线球还是斜线球，不管是想打角度大的球还是角度小的球，都必须首先考虑制造合适的弧线。第二个作用是可利用忽高忽低、时长时短的弧线，提高球的进攻性、威胁性。

提高控制击球弧线的能力要从以下几个方面努力。

（1）要控制好拍面和掌握好击球时用力的方向。拍面一定时，越向上用力，球的弧线曲度越大。

（2）要掌握好击球时用力的大小。球拍用力大则弧线打出距离长，反之则短。

（3）要注意击球时击球点距地面的距离。距离大则弧线曲度小些，距离小则弧线曲度大些。

（4）利用旋转的规律制造弧线，比如拉上旋打大角度的浅球就比较容易命中。

（十四）击球的动作结构

在网球运动中，具有一定联结形式的科学的、合理的击球动作就叫击球技术。组成击球技术所有动作之间的普遍联系和相互作用的形式就叫击球的动作结构。尽管网球击球技术多种多样，动作方法、要领各有不同，但在击球动作结构方面有共同的规律。了解击球的动作结构的目的，就是为了观察、分析某人的某个技术动作，找出毛病，提出改进措施，不断提高技术水平。

击球动作结构由引拍、向前挥拍、球拍触球和随势挥拍四个部分组成。引拍是一切击球技术的开始，是获得击球力量的重要保证。引拍要根据各种技术的要求在方向上、幅度上做到恰到好处，并要做到各部肌肉保持放松。

向前挥拍要及时，挥拍的方向、速度不仅决定着击球的命中率，更重要的是决定着击球的速度、深度、角度。各种技术的挥拍方法各不相同，但追求的击球效果却是一致的，因此要掌握好向前挥拍这个重要环节。

球拍触球是击球动作的关键环节。触球的时间，触球的部位，触球时球拍挥动的速度、方向及手臂和手腕的用力感觉等复杂动作，都集中在这关键的一瞬间，这一瞬间决定着击球的最后效果。所以，这一环节是我们观察、纠正某一技术是否有错误的重点。

随势挥拍是整个击球动作的结束。随势挥拍有利于增大击球的力量，有利于整个击球动作的连贯、协调，并能给人一种优美、舒服的感觉。

（十五）甜点

球拍上能送出稳定、有力、向前按预定方向飞行的球的区域称为"甜点"。在练习中，用球拍的甜点击球，能使击球的用力发挥最佳效应，手感也最舒服。

甜点不是一个点，而是位于球拍网弦中心部位的一个区域。在这个区域里有三个具体的点：位于网拍中心的那个点是最佳手感点，球击在这个点上时，手臂震动感极小；在最佳手感点的下方（靠近拍柄端）有一个点叫作最强弹力点，球若击到这个点上飞出的速度最快；在最佳手感点的上方有一个点叫作最大减震点，球击在这个点上震动力最小。总而言之，球击在这个区域里，无论是手的感觉，还是击球的效果都很好。若击在这个区域以外，效果就会大大降低。

（十六）击球时机

在底线击落地球时，最适宜的击球点是在相当于腰部高或略低于腰部的位置上，而在球第一次落地至弹跳后第二次落地的过程中有两个弧段。在此高度，高水平选手大多选迎着球上升的趋势将球回击过去，以争取进攻的时间及力度，称"抢点击球"。抢点击球虽然是打网球的一大要点，但初学者往往很难做到，因为这需要极好的球感、极快的反应和迅捷的步法移动以及很强的与球相对抗的能力，这些素质在很大程度上要依靠长期的训练才能具备。一般练习者多会自觉地选择在球快下降阶段击球，但此时的球却往往已在肩部附近的高度上了，常打球的人都知道在此高度击球是很别扭、很费力的。如此，选择在球的下降段，也就是在球处于下降的趋势时将球击回相对来说就比较安全稳妥。但必须看到，这是相当消极的打法，因为球员经常需要不断地退后再退后，这样不仅增加了发力的难度，而且扩大了跑动的范围。因此，初学者在学习过程中最好能有意识地培养自己"抢点击球"的胆量与能力，否则就只有永远躲在底线后很远的地方被动挨打了。

（十七）击球的有效性

从事任何一项工作，都有个效率问题。学网球也是如此，打网球更是要注重效率，所以我们在这里先探讨一下击球的有效性。

练习打网球，如果是以运动为目的，那么只要打到球，就基本上可以说是有效的。但如果是在比赛中，就不一样了，就算你打到了球，但球出了界，此球就是无效的，因为你的目的是把球打到界内。从这里我们就看出来，击球有它的有效性。

有效的击球就是把球打到界内。所以在开始学打网球时，就必须先把球打过网，然后再逐步把球打得更快，这是最有效的学习方法。

对于想提高技术的中高级选手来说，要使击球更有效就必须了解基本的生物力学原理。最新研究结果表明，人体发力的机理应该是从身体最大的肌肉开始到较小的肌肉，而不是以前所认为的从脚尖到指尖，即从下往上。打个比方，身体的发力过程就像是一个涟漪，从中心向四周一层一层地扩展。先是人体最大的肌肉，臀部肌肉，接着是背部肌肉和大腿肌肉，然后是小腿和肩部肌肉，最后到手和脚。所以在击球的时候，如果你不能全力击球，或者感到用了力球却不快，就要检讨一下你的发力机理，你是不是用大肌肉发力了。

（十八）平衡

平衡也许是在打网球的过程中最易被人忽视，但又最起决定作用的一个因素了。如果一个初学者能在一开始就有击球时应该保持平衡的概念，他的进步一定是非常明显的。

研究生物力学的科学家发现，人的运动几乎都是弧线的。因为人体是由一块骨头连接而成，所以人的所有动作都是在围绕着一个个轴进行的转动而组合成的。

仔细地研究一下职业选手的击球（底线球），我们就会发现他们的身体就好像是一个轴，手臂是在先臀部旋转然后身体旋转的过程中完成击球的。如果打出的球非常有力并能很好地控制，那他们的肩膀一定是平的。也就是说他们处于一种完美的平衡状态。

平衡的身体位置是保证击球质量的首要条件，看上去是很容易的，但真正做到却又不那么容易。你必须在击球的时候，始终把肩膀放平，头摆正，打低球的时候，屈膝而不是弯腰。反之，失去了平衡，你就不能有效的旋转，打的球也就不可能是最有效的了。

平衡对于所有其他的技术来说也是基础。你在练习时如果细心体会，就会发现在最平衡的状态下，你击出的球才是最有力的，也就是最有效的。这就是你要追求的状态。

（十九）移动

要想有效地击球，就要在注意平衡的同时迅速地移动。而移动是平衡和有效击球的基础，这看上去是很平常，可怎样移动才是最有效的呢？

一名选手不管其水平如何，都会出现脚步跟不上的感觉，脚步跟不上就到不了击球的位置，就不能平衡地打球，击球就缺乏有效性。

初学者一般是因为不熟悉球性，判断不好来球的落点、弹跳和旋转而不能移动到位。但中、高级球手碰到的多是由于球离身体太远或太近而不能移动到位。球离身体太远，只能进行一般的回击，击球质量会受影响；球离身体太近，则来不及让出合适的空间位置，击球质量同样会受影响。

防止脚步跟不上的有效方法之一是练腿部肌肉，而练腿部肌肉的最好方法是在打每一个球的时候保持平衡。尽量用相同的动作打好每一个球。这样不但能提高速度、耐力和力量，还能加强肌肉记忆，技术也能得到同样的提高。

（二十）击球区

击球时球拍和球接触的那个点叫击球点，通常会有不止一个能击好球的点，这些击球点所形成的区域叫作击球区。理想的击球区一般是在身体前面，具体地说是在身体重心的前面。

如何发现击球区呢？同样需要多练习才能找到在击球时感到最平衡，同时也是击球最有利的位置。由于人们击球时所用的握拍方式和引拍方式的不同，所以即使是同一个技术，每个人的击球区也是不同的。

从理论上说，击球点越靠前，击球的力臂越长，击球就越有力。但是，如果你在击球时感到身体在向前倾，那你的击球点就太靠前了；如果你感到手臂还没有伸直球就已经飞出去了，那你的击球点就太靠后了。

击球的稳定性,很大程度上在于你能不能在击球区里击球。因为对于一项技术来说,你的每一次击球都应该是在同一个区域,所以建立一个稳定的击球区是非常必要的。从一开始,你就要注意发现自己的击球区,然后你就能平衡地击球了。

(二十一)角度的运用

比赛中能否较好地利用角度是中级选手和高级选手的一大差别。怎样利用与何时利用角度是最关键的因素。

在与对手底线相持时,你会发现打出的球角度越大,对手回球的角度就越大;如果始终把球打到对方的底线中间,对方的回球就很容易接到。另外,打出的球离球网越近,对方就越容易打出更大的角度,直接得分。这就是击球角度的基本原理。

在比赛中,如果在底线和对方相持的情况下首先打出大的角度,则必须提防对手打出更大的角度。如果对手并不能打出更大的角度,或他对大角度球只有招架之功,那就可以左右调动对方,直到出现机会球而争得比赛主动;如果对方能打出更大的角度,并适应两边跑动,就应该尽量把球回深到底线附近,使其打不出更大的角度,削减其底线优势,或者想别的方法。比如通过调动对方上网来把握比赛,占据主动。

还有一种情况,就是当被对手两边调动、疲于接球时要尽量回高球到底线中间,减小对方的攻击角度,并为自己赢得喘息的机会,使对方无法持续攻击,最后情绪急躁而失误。

二、基本装备

(一)拍

网球拍是网球爱好者必备的用品。首先要了解每个网球拍上都有一个"甜区",此处是球拍最具反弹力的位置,不但能够增强击球的力量,亦不会因拍击球时产生震荡与抖摆,而且是手感最佳的位置。以下就是选择球拍时需考虑的几点特性。

1.拍面尺寸

力量与拍面尺寸直接相关。大拍面的击球"甜区"较大,偏离中心点击球时,宽容度较大。现在,球拍的拍面范围为85~135平方英寸(1英寸≈2.56厘米),常用的是95

~110 平方英寸。这些拍面尺寸在力量与控制方面适合许多运动员。一般而言，小拍面适合技术娴熟的球员，"甜区"更好控制；大拍面适合初学者和力量较小的练习者，使用大拍面可以帮助球员发挥出最大的力量。

2.球拍长度

球拍的长度为 27~29 英寸，这是锦标赛认可的范围，标准的拍长为 27 英寸。与标准球拍相比，稍长的球拍在底线抽球时的挥拍范围更广，能增加发球力量，因此总体上要稍微用些力，在其他方面两者相当。从标准球拍换成超出 0.5~1 英寸长的球拍，对大多数球员来说不会有多大问题。大部分较长的球拍要比标准长度的球拍轻一些，这样才能使用灵活。如果对 27 英寸的球拍只加长不减重，会使球拍成为一个非常笨重的"木棒"。

3.球拍重量

这项特性对拿拍与挥拍时的球拍手感有很大影响。一般情况下，重球拍要比轻球拍更有力，更稳定，不易翻拍（在其他方面两者相当）。轻球拍容易挥动，因此挥拍速度更快。柄重头轻的球拍是多数职业球员比较喜欢的球拍，被认为是"传统的重量平衡"球拍，通常重 11~13 盎司（1 盎司=28.350 克）；柄轻头重（与对等平衡）的球拍，优点是增加了使用灵活性，尤其是在底线抽球时能更大限度地发挥球员能力。

（二）球

比赛用球为黄色，用橡胶化合物制作，外表用毛质纤维均匀覆盖。球的直径为 6.35~6.67cm，重量为 56.7~58.5g 之间。网球分为两种：有压球和无压球。所有职业选手和大部分业余选手都用有压球，尽管它们会比无压球更容易变软。但是，它会给选手带来更多的控制性和感觉，因为它会在球拍上停留更长的时间。无压球装在无压的容器中，而且不容易变软，但它的控制性不好，因为它很硬，会使球直接从球线上反弹走。

同一品牌的各款系列网球，都是用质量上乘的毛毯和球心材料制造而成，因此就厂商的说法，这使得同一品牌各品种的球在质量方面几无二质。那么，为什么网球种类之间的建议零售价还有如此的差异呢？标准其实并非依照球的弹跳特点来区分差别的，而主要由厂商在网球毛毯上使用的原材料中纯羊毛的含量决定的。显然，纯羊毛含量越高的网球手感越好，在打上旋时候产生的效果越明显，耐用度也越高。当然，不管我们怎样去选择网球，目前市场上销售的球在品质上都必须符合国际网联（ITF）制定的最低标准，并需要合乎中国网球协会的要求。

（三）辅助用品

1.拍柄带

拍柄带也称吸汗带或防滑带。顾名思义，缠在拍柄上起到吸汗的作用，黏性强的拍柄带适合手干打滑者使用或天气干燥时使用。同时，拍柄带还有调节握柄粗细的作用，如果我们买来的拍柄过粗，可以先把早已裹好的内柄皮撕掉，然后直接在握柄上缠上一层或两层外柄皮，而不再使用厚度较大的内柄皮；当拍柄过细时，我们可以在原有的内柄皮上多缠几层外柄皮。

2.减震器

每次击球时拍弦都会产生震动，传到拍体，进而传到拍柄，而这个震动的大小由于不同球拍的材质，以及采用的网球技术不同而有所不同，但现在还没有什么球拍能够完全将震动消除，所以对于业余选手来说，击球时就要尽可能减小球拍传到手臂的震动，这时可以采用的方法就包括使用减震器。尽管有人感觉使用减震器会降低击球时的手感，但缺少手感总比得上"网球肘"要好得多。建议初学者使用减震器，因为其对减少震动的确有一定的作用。

3.弦

不要低估球弦的重要性，因为它们是网球爱好者身体和球接触的一部分。球弦的松紧影响着击球的力量、准确性和控制性。如果你需要力量，就把线拉到45~55磅（1磅≈0.45千克）；如果你需要力量和控制结合起来，就拉到50~60磅；如果你需要更多的控制，就拉到60~70磅。请记住，这些指标都是大概的估计，还要考虑到拍头大小、拍框材料和限数等因素。

（四）网球衣着

1.网球鞋

网球鞋是网球运动员衣着中最重要的部分。因为打球过程中有很多的跑动。首先，鞋应该是特别为网球设计的，普通的训练鞋和跑步鞋是不适合的。其次，看看鞋是不是对脚趾有特殊的保护。如果打的时间较长且跑动很频繁的时候，硬地会损害小腿。要选择适应球场的鞋底的纹路和材料。草地球场所用的鞋底纹是有齿的或是螺旋形状的；硬地和泥地球场的鞋一般会有个箭尾形在鞋底面；室内地毯球场的鞋是平底的。如果经济条件不允许，也可用万能鞋底型来应付各种场地，但会降低舒适度。

2.服装

网球爱好者在网球场上所穿的服装可以说是表现自我个性最好的方式之一，但舒适是最重要的。现在的网球服装可以分为传统型、休闲型、前卫型三种。传统型一般是翻领、以白色为主的 T 恤，男士以浅色短裤为主，女士以网球裙为主。休闲型则是在传统型的基础上加以改动，例如，花纹、颜色、领口样式等稍许变化，主要适合以休闲、娱乐为主的运动。前卫型是要强调个性，花纹颜色更是艳丽夺目，款式也大胆新潮，在发带、头巾上都有不同变化。

3.其他设备

（1）护腕

护腕是戴在手腕上用来擦前额的汗，使汗水不至于流入眼中的装备。同时，护腕也可以起到轻微固定手腕的作用。

（2）发带

发带有吸汗和约束头发的作用，同时它的装饰效果也不容忽视。另外，近几年还十分流行"包头布"的饰物，将头部完全包裹，它备受网坛男明星们青睐。

（3）网球包

拥有一个网球包可以把所有网球的装备放在一起。购买网球包时应该考虑有一个小兜装钱和钥匙，一个独立的空间装湿的或脏的衣服，一个可以用来背着包的带子。

三、网球运动礼仪概述

网球的魅力与网球礼仪、球员与观众所具备的良好的行为素养是密不可分的。"尊重网球场上的一切人与物"，这是球员最起码的行为准则，它包括尊重对手、观众、工作人员、服务人员，也包括尊重球网、网柱、球拍、球，等等。网球运动要求观众也应具备良好的素质，尊重赛场上的规则与比赛进行过程中所发生的一切。

（一）日常练球时应当注意的礼仪

（1）不要着急捡滚到隔壁球场的球。网球初学者打网球时，肯定会出现球满场飞的场面，但是当你的球滚入临场而临场的球员正在练球时，请你要耐心等待，等"死球"

时才能把你的球捡回。此时你若贸然入场捡球只会得到愤怒的目光，还可能遭到"飞来横祸"。别人帮你捡了球，不要忘记说一声"谢谢"。

（2）发球时要先看一看对方是否已做好了接球的准备，最好将球举起来示意一下。不要连看都不看就将球发出去，这样别人很可能因没有准备好而接不到球，这也是对对手的不尊重。

（3）不要从球网上面跨过，这不是展示你跳高才能的时候。也不要触压球网。

（4）练球时，当对方的回球靠近底线时，应主动告诉对方他打过来的球是"In"（界内）、"Out"（界外），还是压线。

（5）练球时当你击球出界或还击下网时，尽管你不是有意如此，但也应该向对方说声"对不起"。

（二）比赛应该遵守的礼仪

（1）球员参加比赛时，在赛前练球热身过程中有义务为对方的练习提供帮助，任何有意妨碍对方练习的做法都是有失风度的。

（2）为对手的好球拍手叫好。当对手击出好球时，应为其鼓掌。特别是在比赛中，当对手打出了自己很难击出的漂亮的得分球时，尽管懊丧与遗憾，很难诚心地向对手表示祝贺，但也应如职业选手们那样，用手轻拍球拍，潇洒地表达自己为对手高兴的心情。这对于腼腆的人来说可能是最不擅长的举止之一，但请一定用心去表达，很自然地去赞扬对手的得分，自己的心胸也会变得宽阔，这样也会激励自己打好下一个球。

（3）球场上不要摔拍子，技不如人不要拿拍子出气。

（4）球场上不要踢球，网球是用拍子打的，不是用脚踢的，除非是友善地调节场上的比赛气氛。

（5）对于对手的失常发挥和频繁失误，不要喜形于色。

（6）如果打出一记幸运球（lucky ball）而得分不必过于兴奋，如：球擦网后，改变方向和速度，不规则地落在对方场内或不留神把球扣在拍框上，但球的落点很好，使对方无法接住等，要说声"sorry"；或应像职业选手那样，将球拍面向对手以表示歉意。

（7）比赛结束的时候，可以将比赛用球抛给观众，但是不要将网球拍扔上看台，否则会砸伤观众。

（8）网球场上一切行为都应该听从裁判的判决，如对判罚有异议，比赛结束后，可向仲裁委员会提起申诉。

（9）正式比赛时，应该采取上手发球的姿势，下手发球虽然不被禁止，但是被认为是对对手的不尊重。

（10）比赛结束后，无论胜负都应该主动和裁判及对手握手。

（三）打网球时对服装的要求

（1）标准的网球穿戴应该是男球手穿带领子的半袖运动 T 恤衫和网球短裤；女球手穿中袖或无袖上衣及短裙或连衣短裙。网球服饰通常以白色为主。

（2）进入网球场一般穿专用的网球鞋，不允许穿硬底鞋或带钉的鞋入场；赤脚和赤脚穿鞋入场打球是会被认为有失雅观的。

（四）观看网球比赛时应当注意的礼仪

（1）在球员发球的时候，不要用闪光灯拍照，更不要发出声响。

（2）观看比赛时应尽量避免携带能发出声音的物品，即使携带了也要关掉声音。从球员开始准备发球到一分结束，观众在此过程中最好不要叫好、喝彩、鼓掌，发出异响。

（3）如果观看网球比赛时迟到，应该在球员休息的时候进场，以免影响球员的注意力，干扰比赛；同样，如果在观看比赛的时候离开观众席，也要在球员休息的时候离开。

（4）不要随便进入正在比赛的场地，以免影响比赛的正常进行。

第二章　网球运动的基本理论

第一节　网球的性能及受力后的状态

网球性能是指网球所具有的弹性以及其在外力的作用下向的受力方向。当球所受的力没有通过网球的质心时，还带有旋转的能力。重力、空气阻力和向前的旋转都会对球的飞行造成影响。因此，了解网球的性能对于提高网球技术水平非常有益。

一、动态球的力学分析

一般情况下，标准球的质心就是网球的重心。平击球的作用力线通过网球的重心，打出去的球不会产生旋转。但绝对的平击球是不存在的，球或多或少总有一定的旋转。球在飞行的过程中受重力、空气阻力影响会产生马格努斯效应，球旋转越强，产生的马格努斯效应越强，即旋转越强，球在空中拐弯漂移幅度越大，落地后弹起拐弯漂移幅度也越大，接球方接球难度也就越大。在相同的条件下，上旋球比平击球的飞行弧度要小，空中停留时间要短；下旋球旋转方向正好相反，它受到向上的力，因此其飞行弧度比平击球的要大，但空中停留时间要长。旋转球可以产生更为丰富的落点，因而对对手造成的威胁更大。

二、旋转球的类型

（一）平击球

当击球的力量仅仅是一个单一的正对着来球的力量，即只有主击球力时，击出的球属于平击球。球拍击球时有一个角速度，在击球的瞬间正对来球挥拍将对球产生正向击球力，拍面对球碰撞力量通过球的重心，球拍触球的时间相对短些。落地高球下压击球、高压球、高空截击、平击发球基本上都可视为平击球。这里需要指出的是，平击球只是一种理想状态，高压球、高空截击、平击发球，平击成分相对多，落地球想要打出平击球时，实际打出来的基本都是平击略带旋转的球。

（二）上旋球

上旋球即在击球的瞬间，拍面与球的碰撞力量并没有通过球的重心，而是偏离球的重心，球拍触球的时间相对长些。如果对上旋球进行力量分解，那么击球的瞬间除了对球施加一个正向击球力外，还给球一个垂直于正向的向上的力，从而使球获得一个附加的旋转力。在旋转力的作用下，球获得的相应转速绕球心轴线旋转。球的旋转力越大，球的旋转速度就越快。击球瞬间对球附加旋转力相当于对球施加了摩擦力，球在球拍的弦床平面上停留的时间远比平击球的时间长。

（三）下旋球

下旋球形成的基本原理与上旋球相似，只不过旋转力的方向是向下的。同样，如果对下旋球进行力量分解，可以发现击球的瞬间除了对球施加一个正向击球力外，还给球一个垂直于正向的向下的力，从而使球获得一个附加的旋转力。在旋转力的作用下，球获得的相应转速绕球心轴线旋转。球的旋转力越大，球的旋转速度就越快。下旋球的旋转是绕其球心轴线向下旋转的。

（四）侧旋球与复合旋转球

侧旋球的形成是旋转力在球的侧边，它可以与主击球力平行或垂直。旋转力如果是由右向左用力或作用在球的左侧，方向与主击球力平行或一致，则击球后，球绕轴线顺时针方向旋转。反之，如果旋转力是由左向右用力或作用于球的右侧面，则球逆时针方向旋转。

在网球实践中，绝对的上旋球或下旋球是不存在的，复合旋转球是上旋球或下旋球与侧旋球相结合的一种旋转球。实践证明，在临场使用得最多的就是复合旋转球。

三、旋转球与反弹

在了解旋转球的基础上，进一步了解旋转球与反弹的关系，对正确回击对方来球是非常重要的。旋转球的飞行线路不仅在飞行过程中会发生变化，落地后或接触网球拍面时也会发生变化。因此，掌握旋转球与反弹关系的原理，是尽快掌握网球技术以及打好网球的关键。

（一）上旋球的旋转与反弹

上旋球是绕横轴（左右轴）向前旋转的（球的上半部向前转，下半部向后转）。上旋球在飞行过程中，由于球受重力和空气阻力的影响，其飞行弧度比平击球要陡一些，就是说下落速度比不转的球要快，上旋的旋转越强则越能显现出来。当球落地反弹后，球具有一定的前冲力，但球本身并没有加速，只不过是入射角与反弹角不同而造成的视觉上的差异。这是由于旋转球以一定的角度落到地面时，球的底部旋转方向与球的运行方向是相反的，球体与地面接触的瞬间给予地面一个与运行方向相反的力，地面同时也给予球体大小相等、方向相反的力而产生反弹角度的变化所造成的。

上旋球的特点是飞行幅度大，下降快，落地弹起的前冲力较大、速度较快、威胁性强。打上旋球能提高击球的稳定性，球的落地范围也较大。上旋球比平击球和下旋球更容易过网，并且不易出界，所以上旋球能够更好地控制深度，减少失误和失分。打上旋球最大的好处是有利于加力控制球，是正拍击球中既能发力又能控制球进入球场并减少失误的好方法。在快速跑动中很难调整精准的击球点，而上旋球则能保证击球的稳定性。

另外，正拍上旋球的飞行路线呈彩虹状，球过网后有急剧下降的特点，可以利用这一特点打出短的斜线球，为接下来的回击取得主动。上旋球还是破坏对方上网的有力武器，过网急坠的上旋球能落在对方上网球员的脚下，使其难以还击。

（二）下旋球的旋转与反弹

下旋球与上旋球的旋转方向相反，是绕横轴向后旋转的（球的上半部向后转，下半部向前转）。下旋球在飞行期间，由于球受重力和空气阻力的影响，其飞行弧线比不转球要平直一些，球下落的速度比不转的球要慢一些，好像球增加了一定的浮力，下旋的旋转越强则球下落的速度越慢。当球落地反弹后，球的前冲力会减弱，给人一种只向上反弹的感觉。这是由于下旋球以一定的角度落到地面时，球的底部旋转方向与球的运行方向相同，球体与地面接触的瞬间给了地面一个与运行方向相同的力，地面同时也给了球体大小相等、方向相反的力而产生反弹角度的变化所造成的。

下旋球的特点是不像上旋球那样具有前冲力，飞行速度比较缓慢，因此相对来讲攻击性并不是很强，给对手造成的威胁也不大。但是，如果这种削击方法运用恰当，效果就会不一样。例如，当对方在底线时，用削击方法打出轻而浅且角度大的下旋球是颇具威胁的。另外，在底线用反拍击出下旋球，在防守上也有积极的作用，它能在强大压力下控制住球，并将球送至对手底线。球速减慢有时会打乱对手击球的节奏，同时也能帮助自己调节进攻的节奏。

第二节　网球飞行的原理

一、球的飞行弧线

（一）飞行弧线

球的飞行弧线是指球自击球者的球拍击出，到落在对方场区为止的飞行弧线。它包括弧线高度、弧线距离、弧线弯曲度和弧线方向。

1.弧线高度

弧线高度是指球的飞行弧线顶点至地面的垂直距离。

2.弧线距离

弧线距离是指击球点在地面上的投影至球落地点的直线距离。

3.弧线弯曲度

弧线弯曲的程度与弧线高度成正比，与弧线距离成反比。例如，一个球的弧线高度很高，弧线距离很短，此球的弧线弯曲度就一定很大。

4.弧线方向

弧线方向主要指向左、向右的方向（以击球者为准）。

（二）影响弧线的因素

1.球的出手角度

球的出手角度是指球刚被击离球拍瞬间与水平面的夹角。球的出手角度越大，出手弧线的高度就越大。

2.球出手瞬间距地面的高度

球出手瞬间距地面的高度是指击球点距地面的高度。

3.球出手时的初速度

球出手时的初速度是指球被击离拍面瞬间的飞行速度。

4.球的旋转

球的旋转不仅对球的飞行弧线有影响，而且还影响球的弹起弧线。上旋可增加球飞行弧线的弯曲度。在击球实践中，上旋起到增加弧线高度和缩短弧线距离的作用；下旋反之。左侧旋可使球向右拐；右侧旋反之。

（三）弧线的作用

1.合理的出手弧线是击球稳定的保证

应特别重视还击不同的来球对出手弧线的不同要求。例如，抽拉小斜角时，网球弧线的弯曲度要稍大，弧线距离要短；回击网前高球时可直线击打，其弧线无须有弯曲度；回击底线球时，须有较长的弧线距离和适宜的弧线高度。

2.运用变化的弧线，增加球的威胁性

（1）降低或升高弧线的高度，增加对方回球的困难。例如，随球上网时的削球，能使回球弧度降低，给对手出拍还击增加难度；挑高球时，弧度升高，可越过对方头顶至底线，破坏对方的封网或高压球。

（2）利用向左或向右变化的侧旋弧线使对手处于被动，让对手很难找准击球点而导致击球失误。

（3）在前后方向上变化飞行的弧线，给对手回球增加困难。例如，在回击小球时加一个向后削球的动作，使球过网后不向前跳，甚至后跳回旋，使对手判断失误；在向对手底线攻球或挑高球时，有意制造上旋，球落地后有前冲力，能增加对手击球难度而造成被动回球或回球失误。

二、球的飞行速度

（一）网球空中飞行速度的概念

来球被球拍击出后越过球网触碰对方场区内的距离除以所用的时间就是该次击球的速度，时间越短则速度越快。

（二）击球后球的速度

网球比赛中"快"是制胜的重要法宝之一，是网球运动员追求胜利的关键。球速越快留给对方球员的反应时间就越短。在网球运动中，运动员对球的反应过程一般分为 5 个阶段：①预判阶段；②感觉阶段；③认知阶段；④选择阶段；⑤击球阶段。运动员要判断来球的速度、力量、落点、旋转和弧线，应从对手的击球动作（包括站位、引拍和挥拍等）和击球后球的运行弧线两方面加以分析，这无疑需要一定的时间。击球速度越慢，对方准备的时间就越充分，判断来球也就越准确；反之，击球速度越快，对手作出判断的时间就越短，对手就会出现反应不及时甚至出现无反应的现象。一般运动员每击完一球后，必须迅速回位（包括心理和身体动作），以便为下次击球做好充分的准备。

（三）如何提高击球速度

提高击球速度，从理论上讲，就是指缩短来球过网后的飞行时间和球被击中后的空中飞行时间。提高击球速度，应注意以下几点。

（1）站位尽量向前，击球点适当接近球网。

（2）借力击球时要适当提早击球时机，在球的上升期击球，减小动作幅度，引拍动作要小，触球瞬间充分发挥小臂的爆发力，击球后迅速制动、还原。

（3）适当降低球在空中飞行弧线的高度，减少球的飞行时间。

（4）主动发力击球时要注意身体重心向前的转移、腰部动作的扭转发力，通过转肩将身体的力量传递到手臂，加快小臂和手腕的爆发力，使其起到稳定动作和加快球速的作用。

（5）提高判断和反应能力，加快步法移动的速度。

三、击球力量

（一）击球力量的表现

在网球运动中，所谓击球力量大，实际上是指物理学中的动量大。因为球体本身的质量是固定的，所以击球力量大的外在表现形式就是球向前飞行的速度快、力量大，接球人感觉球重而有力。

（二）击球力量大的作用

（1）力量大的来球要求接球者的动作必须迅速，否则就会因来不及调整动作、找不准球、使不上力而无法顶住来球的冲击。

（2）力量大的来球，对接球者球拍的作用力非常大，它增加了接球的难度，使接球者倍感压力，有可能造成来球撞击球拍而不是球拍击打来球。

（3）来球向前飞行的力量大、速度快，接球者因看不清球，而只能凭经验估计它的走向和落点，极易判断失误。

（三）加大击球力量的方法

加大击球瞬间向前挥拍的速度以及提高力量，是增强击球力量的关键。为此，应注意以下几个方面。

（1）注意脚部、腿部、腰部、上臂、前臂、手腕等力量的协调配合，遵循身体肌肉发力的正常顺序：身体重心降低，腿部微屈，脚发力向前蹬，躯干扭转带动上臂，上臂带动前臂，前臂带动手腕，以发挥各关节点的加速作用。击球后，应迅速放松，注意动作还原，以便于下次击球的发力。

（2）整个动作的用力方向应尽量一致向前，避免有不同方向的分力，注意触球瞬间，在加大对球的摩擦力基础上，应向前借力、合力、用力击球。

（3）掌握合理的击球时间和击球点，以便身体集中发挥出最大的力量，击球瞬间应有爆发力。

（4）击球前，发力肌肉应尽量拉长且放松，适当加大动作半径，适当加大引拍距离。

（5）重视力量训练，提高身体素质，并使其与技术密切结合。

四、击球后球的落点

（一）落点的概念

球被球拍击出后，落在对方场区地面上的点称为击球的落点。

（二）好的落点

1.好的落点的概念

好的落点是指击球落点接近两条边线、底线，或落在对方脚下，或远离对手站位，或落点与对手跑动的方向相反，或双打时落点在两人的接合部，等等。

2.根据对手的弱点寻找好的落点

（1）利用对手技术上的明显弱点。如：有人反手弱、失误多，就应多打其反手；有人中前场技术粗糙就多打中前场球；有人怕底线高球就多打底线高球。

（2）利用对手被调动后暴露的弱点。如：在对手失去身体平衡的情况下，将球打到他的另一边，极易得分。

（3）运用假动作，或判断对手的心理，声东击西。如：对手判断自己打斜线，实际自己打直线。

（三）与击球落点紧密相连的两个概念

1.击球路线

击球者所站的位置与击球的落点之间的连线，称为击球路线。最基本的路线有 5 条：右方斜线、左方斜线、右方直线、左方直线和中路直线。此外，还有后方左、右两条小斜线及反斜线。

2.击球区域

击球区域即把场地分为若干区域，并将其与击球落点相连。距球网约 2 米的区域称前场；发球线附近区域称中场；近底线处称后场。击球近网称为"浅"；击球近底线称为"深"。击球在边线近底线处称为"大角"；击球在边线近网处称为"小角"。

（四）提高控制落点能力的方法

（1）规定区域练习法：将场地划分为若干区域，规定专门的击球区。

（2）提高场上观察能力，在常规的训练或比赛中，有针对性地对击球落点提出要求。

五、击球后球的旋转

（一）网球旋转的力学根据

在力学中，欲使球旋转，必须具有力矩（M）。力矩等于作用到球体上的力（F）和此力到球心的垂直距离（L）的乘积，公式为 M=FL。从公式中可看出，F 和 L 的大小直接影响 M 的大小，M 越大则该球旋转得越厉害。

（二）如何加大球的旋转

（1）加大挥拍时摩擦球的力量。击球时不仅应发挥腰部、腿部和手臂的力量，还应配合手腕的力量。

（2）击球部位是关键，用力方向适当远离球心。

（3）采用弧形挥拍技术。

第三节　网球拍的性能对击球的影响

一、网球拍参数对击球的影响

网球拍大约有 15 种主要属性，每种属性都会影响球拍的性能，影响击球的质量。很多初学者认为，球拍越轻越好，拍面越小越专业，这并不准确。网球拍参数一览如下。

1.重量

网球拍的重量指一支网球拍的裸拍重量，即净重，不包括拍线、吸汗带等配件的重量（单位：克）。

2.穿线重

网球拍的穿线重指球拍净重加拍线的重量（单位：克）。

3.挥重

网球拍的挥重指拍头移动时，在平衡和风阻影响下的力量（单位：克）。

4.拍面大小

网球拍的拍面大小指拍面的面积（单位：平方英寸）。网球拍拍面大小基本上可分为以下四种。

（1）小拍面：穿线面积小于或等于 95 平方英寸。

（2）中拍面：穿线面积为 95~100 平方英寸。

（3）大拍面：穿线面积为 100~105 平方英寸。

（4）超大拍面：穿线面积大于 106 平方英寸。

拍面越大的网球拍，其"甜点"区域越大，就越容易接到球。小拍面（如 90 平方英寸、93 平方英寸）的球拍，击球时拍头控制比较灵活，虽然"甜点"区域小，但能带来更好的击球体验。

5.拍框厚度

网球拍的拍框厚度指球拍拍框最窄部分的厚度（单位：毫米）。拍框厚度是直接影响球拍力量的因素之一，拍框越厚，球拍击球的力量就越大，减震相对较好，但会有笨重感。拍框击球的控制越好，灵活性越好。

6.拍长

网球拍的拍长指拍柄末端到拍头的长度（单位：厘米）。网球拍的标准拍长为 27 英寸或 69 厘米。拍长在网球规则中是有规定的，成人拍根据需要可以用加长拍，著名华裔网球运动员张德培当年使用的就是加长球拍。

7.材质

网球拍的材质指制作球拍时使用的某种材料，或者某几种材料的组合。现在的网球拍材质以碳素为主，加入金属或纤维物质都是为了增加拍子的硬度，加强拍子的力量和稳定性。有些人会不习惯金属元素的震动感，可以选用减震效果好的纯碳素拍。如果觉得复合材料的球拍震手可加减震器。

8.平衡

网球拍的平衡有两种含义：一种是指拍头到拍柄末端之间的平衡点位置；另一种是指拍柄末端到平衡点的长度减去球拍中点的长度后，得到的正（负）值。网球拍的平衡就是拍头的轻重。拍头轻则挥拍比较灵活，但因为惯性等原因，需要更多地发力。拍头重就在中点处加上平衡点数值。平衡点越靠前（也就是头重）击球威力越大，越不好控制；平衡点越靠后（也就是头轻）击球威力越小，越好控制。拍头轻的球拍在网前打球省力，在底线则需要加力；拍头重的球拍在网前使用不灵活，但在底线可以打出重力球。

9.线床

因球拍线孔的设计而决定的穿线方法，也称为线床规则。线床规则越密，对球落点的控制越精准，发力和借力越容易，有利于上旋球的击球。竖线越少，击出的上旋球效果越好，反之则是平击球效果越好。常见的线床规则有 16×19，还有少部分为 18×20。

10.力量

一支球拍相对于其他球拍为击球带来的势能高低，即力量水平。球拍力量级别越大，越省力；力量级别越小，越需要自己来发力，比如专业运动员的力量级别小，需要自己发力。

11.硬度

由于球拍材质和球拍形态的设计，使球拍在受力时发生形变，产生形变的大小代表着硬度的高低。球拍硬度低，弹性大，发生形变的值越小，击球越舒服，硬度高则相反。一般认为，球拍硬度越高越难控制。

12.挥距

网球拍的挥距是指在击球的整个过程中，从引拍到随挥结束，拍头移动的距离。

13.挥速

网球拍的挥速指在击球前，拍头移动速度的快慢。它是击球好坏的另一种参数。

14.磅数

网球拍的磅数是指拍框可以承受的、能够给击球带来良好效果的拍线拉力的数值范围。穿线磅数越高，击球时所需力量越大。如果不能确定球拍穿线应该使用多少磅数，可以以球拍的可用磅数为参考。如球拍的可用磅数为 50~60 磅，可以选 55±（1~2）磅。线越软，磅数越低，弹性越好；线越硬，磅数越高，弹性越差，需要主动发力越多，控制相对精准。一款适合自己的球拍需要试打，多试几次，才能找到自己喜欢的感觉和手感。但初学者对球拍的要求没有那么高，感觉不明显。

15.拍柄

中国人选用球拍的柄型以 2 号柄居多。一般追求上旋的高水平选手会选择小一号握柄的球拍从而方便转动手腕发力。初学者不要过早追求利用手腕发力击球。

二、网球线的材质、软硬、粗细及线床张力与击球的效果

网球线的类型、穿线方式、线床张力对球拍整体手感的影响非常大。选择什么球线，只能靠球员自身的感觉来判断。如果能较为清晰地分辨不同球线之间或者同款球线不同镑数之间的差异，基本上应该是技术水平在 4.0 以上的选手了。

网球线按硬度有软线、硬线之分，按线直径有粗线、细线之分，按其材质有天然肠线、仿肠线、聚酯线、芳纶纤维线之分。

（一）软线、硬线

软线的优点是比较好"吃"球，即拍面接触球的时间长，所以击球手感舒服，缺点是软线寿命要比硬线短。硬线弹性差，回旋没有软线强劲，因此击出的球速稍慢，但是非常稳，而且使用寿命很长；软线弹性好，球速快，适合打强力上旋的选手使用，但使用寿命短，容易崩断。

（二）粗线、细线

网球线的粗细通常用数字表示，其隔距范围从 15（最粗）到 19（最细），半隔距称为 L（有 15L、16L 等，L 是 Light 的缩写）。15L 的线比 15 隔距的线细，但比 16 隔距的线粗。数字越大表示线越细，"吃"球越好，控制越好，但是耐用性越差。较细的拍线由于能够更深地"吃"球，所以也就能够给球加更多的旋转和控制，但线不耐用，因此较适合借力击球的人使用。较粗的拍线比较耐用，适合经常主动发力的底线型选手使用。细线可提高可控性，而粗线可提升耐用性。球员可以根据自己的打法选择较粗或较细的拍线。

（三）网球线的材质

1.天然肠线

天然肠线通常被称为羊肠线。羊肠线弹性好、价格高，缺点是不能受潮，所以不能长时间保存。

2.仿肠线

仿肠线也就是尼龙线，可以混合芳纶纤维以增加耐用性，是一种折中产品。尼龙线是现在用得较多、较广泛的材料，它以不怕潮湿、耐磨、能大量生产且价格合理等优点而盛行。这种线比较容易掉磅，因此网球拍穿线磅数可以稍微偏高。

3.聚酯线

聚酯线是一种耐用材料，现在已经被越来越多的人接受。随着科技进步，聚酯线击球手感更柔和，能够增加球的旋转，保持磅数的能力提高，改善了掉磅的问题。聚酯线较硬，但相对于芳纶纤维线来说，又偏软。

4.芳纶纤维线

芳纶纤维线较硬、较耐用。单纯的芳纶纤维线一般用得较少，通常会混在子母线的时候作为竖线使用。芳纶纤维是 20 世纪材料科学中继尼龙材料发明之后最伟大的发明之一，是一种将碳元素聚合而成的新型碳素材料，它的优点是有钢铁一般的硬度，而密度却与玻璃纤维不相上下，有超强的韧性和减震功能。这种线比较硬，因此网球拍穿线磅数可以稍微偏低。

（四）线床张力

线床张力与以下内容有关。

1.穿线方式

穿线方式主要指穿线结束时是打两个结还是四个结。两种穿线方式穿出的线的击球手感其实没有太多的区别。常见的子母线穿法就是打四个结。

2.穿线磅数

穿线磅数的高低与控球能力成正比，与击球威力成反比。穿线磅数越低，弹性越好，力量越大，威力也就越大，适合底线进攻；穿线磅数越高，对球的控制也就越好，适合网前型打法的选手。在球拍的内侧通常都标有建议穿线磅数范围，最好是在这个范围内选择穿线的磅数。大多数球拍的穿线磅数为 55~65 磅或者 50~60 磅。初学者应该选用穿线磅数较低的大拍面球拍来提高控球性。

3.使用者的力量情况

一般来说，运动员力量强劲，可以适当提高穿线磅数，而力量不足则需要降低穿线磅数以提高球线弹性从而获得额外的力量。如果无法把握合适的穿线磅数，第一次可以参考穿线师的建议，之后再根据实际使用情况进行调整。高磅数会使得"甜点"区域变小，但是回球控制力会相应增强。初学者穿线磅数建议选择球拍所示磅数区间的中间值略微偏低些，试打几次再决定最后的磅数。不管穿什么球线，掉磅是肯定存在的，一般刚穿好的线在击球一天之内就会掉大约 10% 的磅数，三个月内即使不打，也基本会掉超过 30% 的磅数。

4.线床密度

常见的有 16×18，16×19，16×20，18×20……线床密度决定了球拍的旋转、手感和耐用度。线床越密打出的旋转相对越少，但控制性和耐久性会相应增加。

（五）建议

（1）每支球拍的参数（拍面、硬度、挥重、平衡等）都是固定的，普通网球爱好者很难在购买球拍后对其进行大的改造。选择好了球拍，才能谈到如何选择网球线。

（2）开始打球时选择聚酯线更经济实惠。

（3）多试打几种不同的线，多试打几种不同的磅数，找到适合自己的。

（4）同一品牌，使用大盘线要比单根线更划算。

（5）使用减震器或者减震结可以缓解击球时球拍震动带来的不适感。

第四节　不同类型网球场地的特性对击球的影响

在相同条件下，按球落地后弹跳的快慢，可将网球场地分为三类，即慢速球场、中速球场和快速球场。

一、慢速球场

慢速球场一般是指红土场或沙土场。由于红土场或沙土场地面柔软，球着地后与地面的接触时间较长，反弹较慢，球速也较慢，如果球的旋转较强则球弹跳得较高。最早的土场就是用沙土做成，造价低廉，在拉美等欠发达地区广为使用。但土场排水不好是它最大的问题。

21世纪初，欧洲人发明了快干场地，即在场地表面铺上一层碎砖末或火山灰等，这样水就会很快渗下，场地表面干燥的速度就快了很多。在相对干燥的南欧，表面覆盖物的厚度相对薄些，最典型的就是法国网球公开赛的红土场地。在大洋对岸，美国人发明了绿土场，即把本土天然的碎绿石块铺在场地表面，而不像欧洲那样用砖末。这两种场地都属于土场。

在降雨多或地下渗水条件不好的地区，可以通过修建地下排水系统解决排水问题；在干燥地区，要修建地下的灌溉系统。在土场比赛时，球员在跑动中特别是在急停急回时会有很大的滑动余地，这就决定了球员必须具备比在其他场地上更出色的体能、滑步技术和移动能力，以及更强的意志品质。在这种场地上比赛对球员的底线相持能力是一个极大的考验，球员一般要付出数倍的汗水及耐心在底线与对手周旋，获胜的往往不是打法凶悍的发球上网型选手，而是在底线相持能力很强的球员。

二、中速球场

中速球场一般指合成塑胶球场、人造草场或室内地毯球场等，因为球与地面的摩擦系数中等，所以球着地后反弹快、球速中等，弹跳高度稍低于沙土地，其中最具代表性的是合成塑胶打造的硬地网球场。现在大部分的比赛都是在硬地网球场上进行的，也是最为常见的一种场地。硬地网球场一般由水泥和沥青铺垫而成，其上涂有红色、绿色塑胶面层，其表面平整、硬度高，球的弹跳非常有规律，但球的反弹速度很快。许多优秀的网球选手认为，硬地网球更具爆发力，而且网球比赛中硬地球场占主导地位。

三、快速球场

快速球场即天然草场或合成材料硬地网球场。球与地面之间的摩擦因数较小，球落地后反弹快、反弹球速也快。但弹跳高度较低，尤其是天然草地，表面特性变化很大（受草的长短、湿度、气温、阳光强弱等因素影响），对球的弹跳及反弹球速度有很大的影响。

草地的摩擦系数最小，弹跳高度是最低的（为硬地的 3/4）。球落地后，有明显打滑的现象，这使球员准备击球的时间大为减少。草地的覆盖物一开始是均匀的，随着比赛进行，草脱落的地方会露出草根和地皮，此处的摩擦就会增大，地面也会凹凸不平，草地上球的反弹也会很不规则。这就要求，一方面球员要熟悉草地性能，有很好的预判和随机应变的能力；另一方面尽量多用削球和截击。草地上的削球比起其他场地有更大的威胁，但在草地上截击并不是很容易的事。因为球的来回速度快，上网的时间不充裕，即使上到网前，面对比其他场地快得多的回球，身体、手法的调整也很仓促，比起中速球场，截击的把握并不是很高。但草地又必须多上网，如果停留在底线，处理落地的反弹球难度更大。草地最有利的一点，是把发球的威力无限放大。速度是 190km/h 的发球，接发球一方面对的困难要比其他球场要大很多，因为球经草地的摩擦速度损失很小，同时弹起高度还低，留给接球者的反应空间太小。

第五节　击球的原理

击球是网球拍与网球的撞击，是网球拍击球一瞬间的冲击过程，击球的基本原理就是人们对击球技术的客观规律的理性认识。击球时网球和网球拍碰撞属于弹性碰撞。球与网拍在力的作用下互相变形压缩，拍面和球都会产生一定的凹陷，球和拍面的形变恢复时，球就离拍而去。这时球的运动状态体现在速度与旋转，这是网球在空中飞行的物理特性。力量作用于球，可通过球的前进速度和旋转强度表现出来。因此，加大击球的力量既能使球获得更快的速度，也能加强球的旋转程度。

当挥拍力量大于来球力量时，我们通常称为发力击球，发球及正、反手底线抽球时经常运用；当挥拍力量等于来球力量时，称为借力击球，多数截击球均是借力击球；还有减力击球，如放小球、短球时，触球瞬间球拍稍后减力并加做一些切削以降低来球的反弹力量，使球落在近网处。网前截击球也可放小球，也是减力使球落在近网处。

一、拍面角度和击球部位

拍面角度指击球时拍面（指球拍正面）与地面形成的角度。击球部位指球拍与球撞击时，拍碰撞击球的位置。球的后半部是球拍撞击球的有效部位。将球的后半部的球体，从纵向分为上、中、下，从横向分为左、中、右。这样一来，在后半部半个球体的凸面上可分为 9 个部位，也就是左上、中上、右上；左中、正中、右中；左下、中下、右下。击球时如何选择球拍与球的撞击部位，对掌握好回击球方向起决定作用。

（1）拍面垂直：拍面与地面的角度为 90°，击球部位为正中。

（2）拍面前倾：拍面与地面的角度小于 90°，击球部位为中上部偏上部位。

（3）拍面稍前倾：拍面与地面的角度接近并小于 90°，击球部位为中上部偏中部位。

（4）拍面后仰：拍面与地面的角度大于 90%，击球部位为中下部偏下部位。

（5）拍面稍后仰：拍面与地面的角度接近并大于 90°，击球部位为中下部偏中部位。

（6）拍面向上：指拍面与地面的角度接近 180°，击球部位为球的下部偏底部部位。

（7）拍面向下：拍面向下，击球部位为球的上部偏顶部部位。

使球产生旋转的主要原因是在击球时使作用力线偏离球心，这就要求击球的瞬间采用不同的拍面角度和挥拍方向。平击球一般要求拍面垂直于地面，并向前挥动；上旋球要求拍面前倾，并向前上方挥拍；下旋球要求拍面后仰，并向前下方挥拍；如果拍面垂直并向下挥拍，也可削出下旋球；如果拍面垂直并向上挥拍，也可拉出上旋球。实际上球拍绝对的垂直击球比较少，多数情况不是偏左就是偏右，因此要依靠调节拍面方向来掌握好击球动作。

二、"甜点"区域击球的原理

随着合成材料的使用和先进制造技术的发展，科技含量更高的网球拍越来越多。如今的网球拍能承受巨大的拍弦张力和高球速的反复撞击，也使得运动员击出的球力量越来越大，速度越来越快。要把网球打得好，首先要打得准，那么怎样才能打得准呢？打得准有两层含义，一是要用球拍的"甜点"击球，二是用球拍的"甜点"在球上找准部位。严格来说，"甜点"是球拍上的一个区域，而不是一个点。球打在这个区域，球的回弹速度更快、力量更大。用"甜点"击球会有以下效果：一是能击打出有力、稳定、向着预定方向飞行的球，球的方向、弧度、落点在自己的掌控之内；二是击球的手感最舒服，能够使击球者获得最佳的击球效果；三是用"甜点"打球，会听到响亮的击球声，也是一种美妙的听觉享受。

对球拍击球时的动力响应的研究表明，拍面上有三个点对球的撞击有特殊的反应。第一个点叫作撞击中心（Center of Percussion，COP），它位于接近拍面的几何中心处。当在该点处击球时，握拍手臂所受到的冲击力较小。接触点偏离 COP 越远，手臂受到的冲击力就越大。在此应该注意，不要把球对球拍的冲击与球拍击球后所产生的振动混为一谈。前者是球撞击拍面时，对球拍产生的冲击；后者是球离开拍面后，球拍所产生的振动。第二个点是在 COP 上方一个叫作"节点"的特殊点，在该点处击球时，球拍几乎不产生振动或仅有很小的振动。第三个特殊点为最大恢复系数点（Max COR），它位于 COP 的下方。在该点处击球，球拍的能量恢复系数最大。

有学者用测量球撞击静止拍面的速度及球从拍面弹起的速度，来确定拍面上不同点处的能量恢复系数。"甜点"的外围称为有效击球区，也叫强力区，这个区域更大一些。显然，击球时触球点位于强力区以外，击球的能量利用率就会降低。在"甜点"外触球，由于力的偏心作用，拍面角度容易扭转从而难以控制球。因此，击球的第一条基本原理是要用球拍打准球，它的含义是击球时触球点应在球拍的强力区内，接触点越接近 Max COR，击球的能量利用率就越高，反之则越低。Max COR 是最佳接触点。

三、击球点原理

只有当球位于身前某个方向以及离身体和地面的距离在某个适当的范围内时，才能顺利击球。拍面与球接触时，球相对于身体的空间位置称为击球点。在击球范围内有一个特殊的击球点，当球处于这个空间位置时，击球最顺手、最稳定，这就是最佳击球点。对于打落地球、发球、高压球、截击球等，合适的击球范围及最佳击球点的位置是不同的。最佳击球点因击球方法、方向、握拍方法及个人身体条件的不同而变化。例如，采用不同发球方法（平击、切削及上旋发球），最佳击球点的位置是不同的。打落地球时，直线球与斜线球的最佳击球点位置也不同。握拍方法对落地球的最佳击球点位置的影响最大。对于大陆式、东方式、半西方式、西方式正手握拍，最佳击球点的高度及离身体的水平距离是依次增大的。单手握拍打反手球的最佳击球点离身体的水平距离比双手握拍时大些，高度则低些。准确地说，最佳击球点位置因个人身体条件的不同而有差异，要通过自己的实践去体验。

球拍与球接触的时间短暂，影响最佳击球点位置的因素多，从而掩盖了在合适的击球点范围内存在一个最佳击球点这一客观规律。这个规律称为击球点原理，其含义是：在合适的击球点范围内，存在一个最佳击球点，在最佳击球点击球最顺手、稳定与准确。击球点离最佳击球点越远，击球就越困难，并且容易产生失误。

最佳击球点要靠运动员去捕捉和造就，怎样才能捕捉和造就最佳击球点？眼、手、脚的准备与协调是关键。

（一）眼的准备

要想捕捉住最佳击球点，首先要把视线集中在对手的击球动作上，要注意观察并及早预测和判断对方球路以及球的旋转、落点和弹跳。这就要培养判断球的意识及球感和对场地特性的了解。球的意识是指对球本身的特性（轻重、软硬、弹跳）以及对球路旋转、落点、弹跳的了解和判断。要学会在球刚离开对手球拍时，就能预测和判断出对方的球路以及球的旋转、落点及弹跳。场地特性对球的弹跳有很大的影响。

（二）手的准备

在准备击球时，若球拍不处于准备位置，如拍头朝下垂于腿前或腿侧，就会给引拍带来不便并延长引拍时间。除大陆式握拍法外，变换正反手击球，都需要改变握拍方法，如果球拍尚未处于正确的准备位置，就会来不及改变握拍方法。

正确的球拍准备动作是把球拍置于身前，拍头呈水平或稍抬起状态，打截击球时拍头要抬高一些（发球及高压球除外）。准备握拍动作是用非握拍手托住球拍的颈部（拍头与拍柄的连接部分），握拍手轻轻地握住拍柄，手指保持松弛状态。

采用正确的球拍准备动作有以下好处：①使握拍手的肌肉在击球间隙得到放松和休息，以减少疲劳；②非握拍手可以帮助握拍手迅速变换正反手握拍；③保持拍头朝上，可以缩短引拍时间，对于打网前截击球尤为重要；④有助于调整拍头的高低、拍面角度及离身体的距离；⑤在跑动击球时，有助于在跑动时使球拍位于身前，便于摆动双臂助跑及保持身体平衡。

（三）脚的准备

要想捕捉瞬间存在的最佳击球点，脚的准备是关键。脚的准备的含义是把身体移动到距最佳击球点最合适的站位位置。脚的准备包括站位方式和步法两个方面。站位方式就是击球时身体及双脚相对球网的方式。站位的基本方式有关闭式和开放式两种，此外还有半关闭式和半开放式两种变化形式。采用关闭式站位击球时，应侧身对向球网，一脚在前，另一脚在后。开放式站位击球时身体和两脚朝向球网。

通常，人们把步法理解为跑动时脚步的移动方法。步法组成移动全过程的各个基本环节，包括起步、跑动、到位、复位。

1.起步

起步是对来球落点作出判断的反应。从眼睛看到来球到作出反应大约需要 0.2 秒的时间。起步的快慢除受神经和肌肉系统反应的敏捷性影响外，更重要的是意识上受到对来球作出判断的影响。起步迟缓者常常不是由于反应迟钝，而是经常要等球过网后才作出判断。那时球都快落地了，无论你的反应多么敏捷，恐怕也很难跑到位。因此，良好的预判准备是迅速起步的关键。

2.跑动

跑动是人们在生活中养成的自然动作，是一种本能。为了适应在各种场地上做各种方式的移动（如前进、后退、左右移动、转向等），都必须遵循一条基本原理，就是保持身体的平衡。保持平衡的最好方法是低姿势跑。低姿势就是稍屈膝、略弯腰，以降低身体重心的高度。男子身体的重心在腹腔底部，女子身体的重心比男子重心的位置稍低一些。屈膝是降低重心的有效方法。弯腰也能降低重心，但弯腰不可太甚，否则会使重心前倾。跨步不可太大，否则会使上身直起而升高重心。

3.到位

跑动到位的含义不仅指身体要移动到离击球点最合适的位置，还包括在该时刻使双脚处于最有利的击球站位位置。例如，单手反手击球必须采取关闭式站位，若跑到位时要打单反击球，但双脚不处于关闭式站位，击球时就会感到非常困难和勉强，甚至无法击球。因此，在跑动到位之前必须调整步法，如调整步距或用碎步，使跑到位时双脚正好处于合适的站位位置。

4.复位

复位是步法中常被忽视的一个环节。复位的含义是在击球后要终止身体前冲的全部动量，尽快复位到准备击球的站位位置，否则就会影响及时回击第二个来球或因身体前冲而失去平衡。世界名将马尔科·德约科维奇（Marko Djokovic）在复位、恢复身体平衡方面有着高于其他选手的惊人天赋，这是造就他及时准确找准击球点，反击得分的秘密武器。

上述四个环节是为了分析跑动过程而人为划分的，各环节之间是相互联系的，应在每个环节的进行中随时为下一个环节做准备，从而使各个环节非常连贯和流畅地组成一个完美的过程。

四、目标点原理

击球时所处的状态基本有三种：防守、相持或进攻。目标点原理指击球时必须根据双方在场地上所处的位置、来球路线及战术意图，迅速作出判断和反应，以确定击球的目标点。作出的判断、反应和确定目标点越迅速、准确，击出的球得分的可能性就越大。

要实行目标点原理，必须具备敏锐的思维能力、良好的战术意识及必要的击球技能。在此仅简要分析击打目标点的技能。

第一，必须做到击球成功。击球成功是指把球打过网并落到对方场地上自己想要的范围内，这是击球时的基本要求。击球成功的基础在于能较好地控制好手中的球拍，达到"人拍合一"的程度，即通过手腕和手指控制球拍。击球时手指必须紧握拍柄，握拍不紧拍柄会在手中转动，打出的球既无力又无法控制。击球时手腕必须既柔韧又牢固，手腕柔韧便于改变拍面角度，手腕牢固击球时拍面才不会偏转。握拍手的后三个手指要紧握拍柄，击球时就既能握紧拍柄又能保持手腕牢固了。

第二，控制拍面角度和方向。拍面朝上为"开放"，拍面朝下为"关闭"。击球时球离开拍面的发射角取决于拍面开放的程度。拍面角度的微小改变对球的过网高度都有明显的影响。拍面角度的改变不是由运动员视觉神经控制的，而是由神经中枢对握拍手的控制来实现的。这种控制要靠多次击球的体验在大脑中所形成的记忆来产生。控制不好拍面的角度，打出去的球就容易落网或出界。在各种情况下运用怎样的拍面角度才能打出想要的球路，要在击球实践中去体验，使成功的体验在大脑里形成记忆，也就是所谓的熟能生巧。

如果想把球打向目标点，首先要控制球路方向。与边线平行或接近平行的球称直线球，与边线成一定夹角的球称斜线球。控制球路方向的关键在于控制击球时拍面的朝向，因为球路的方向总是跟拍面的朝向一致。正确的击球动作是保持手腕与拍头一起移动，正手击球时控制手腕的朝向就能控制拍面的朝向，从而控制球路的方向。在反手击球时，控制指关节的朝向，就能控制拍面的朝向。

第三，控制击球的深度。要想把球打到目标点，就要能打各种深度的球。球的深度取决于球过网的高度、球速及旋转。在球速与旋转一定的条件下，球的深度主要取决于过网高度。只要有足够的球速，就能把球从己方底线打到对方底线，控制球的过网高度比控制球速容易，对初学者来说用控制球的过网高度来控制球的深度比较容易。对于高水平的球手还可运用改变球速、旋转与过网高度相结合来控制球的深度。

第四，控制球速。球的速度取决于击球时作用在球上的冲量，该冲量等于击球力乘以该力对球的作用时间。击球力等于球拍的质量乘以球与球拍接触时的相对加速度（包括球撞拍的负加速度）。因此，球拍越重，挥拍加速度及撞拍球速越快，击球的力就越大。球拍与球的接触时间与球拍的刚性、穿弦拉力及击球的动作有关。球拍的刚性较大，穿弦拉力较小时，球与拍面的接触时间就较长。根据动量守恒原理，球拍击球的冲量等于球所获得的动量。球的质量是恒定的，因此球拍的加速度越大，拍面与球的接触时间越长，打出去的球的速度就越快。

此外，击球时拍面与球的接触角对球速也有直接影响，平击球时拍面与球的飞行方向垂直，球能获得球拍击球的全部冲量。打旋转球时拍面与球的接触角是变化的，击球力将被分解为与拍面垂直的正向力及与拍面平行的切向力。正向力使球获得速度，切向力使球产生旋转。因此，在击球冲量一定时，平击球的速度比旋转球的速度快。

五、网球击球技术的生物力学分析

任何一个运动项目的技术特点都应符合运动生物力学原理，动作是否合理有效等，应该从运动生物力学的角度进行分析。

在运动生物力学中，研究网球的运动时可把网球的球心看作一个质心（球的质量都集中在球心）。根据力学中的质心运动定理，网球受外力作用时其质心（即球心）的运动，就如同一个质点的运动情况。根据冲量定理可知，击打出去的球速不仅与网球受到的作用力有关，同时也和作用时间有关。所以，在相同的作用力情况下，在特定最快速挥拍时间内，网球在拍弦上停留时间越长球速就会越快，但击球时通过质心的位置决定球的飞行轨迹。

人体的运动部位由关节连接，所有的运动都是绕关节的转动，网球击球的主要力量也来源于转动，以及力量的传递与平衡。在击球的过程中大量使用角动量是现代网球的一个重要特点，它是现代网球力量化的重要原因。网球运动所涉及的动量原理主要是在击球时，身体产生大量的动量，角动量会转成线动量并最终传至网球上。

球员在击球时所需要的力量与速度，并不是单独由身体的某一部分产生的，而是各相关部分力量与速度的积蓄，力量和速度从脚部开始，经身体的腿、髋、腰、肩等部位传递和叠加，最终传至拍头，并作用在球上，构成一个动量传递链条系统，即所谓的动力链。球员在运动的同时，要保持击球的有效性和准确性，保证力量的正常传递，还需要保持身体的静态与动态平衡。球员的重心是一个想象点，球员的重量均匀地分布在这个点周围，它是身体的平衡点。通常，重心在人体肚脐的位置，但会随人体部位与躯干的相对位置发生变化而明显改变。理解重心与平衡，对于球员成功地完成技术动作至关重要。重心与平衡这两个相互关联的概念，深刻地影响着网球技术动作的成败。失去平衡或平衡不好，是导致网球运动中失误的重要原因。平衡是球员控制其身体平稳与运动稳定的能力。运动中的平衡，是指球员在运动中控制身体的能力，良好的动态平衡，可以使球员的击球更准确，运动更灵活，击球后的回位更有效。

现代网球技术正手击球多采用半西方式或者西方式握拍，其目的是能发挥更多的前臂以及手腕的力量参与发力，从而制造上旋。从生物力学机制上分析，现代正手击球的最大优点在于角动量的充分开发。职业运动员在正手击球技术环节，膝关节有明显的向前蹬转，髋、躯干、肩都有明显的扭转，这种自下而上的转动幅度是依次增大的。髋在膝关节转动的基础上又转动了一个角度（髋与底线的角度通常接近 90°），肩又在髋的基础上转动了 20~30°。想象一下，这样依次扭转把储备的能量像火箭发射时一样，一级一级依次传递，最后传递到球拍，那么由此产生的角动量当然是巨大的。

从身体肌肉发力看，开始是比目鱼肌、腓肠肌及大腿股四头肌蹬伸做向心收缩向上传递能量。接着是臀大肌也做向心收缩。再向上是腹内外斜肌，背部肌群以及斜方肌做向心/离心收缩。在这些能量积累的基础上继续向上肢、手臂传递力量。接着依次是三角肌、胸大肌、肱二头肌、旋前圆肌以及手腕屈肌群的向心收缩。最后全部力量传递到拍头。其中手腕在击球瞬间将承担巨大的压力。

现代网球击球技术主要有两种：一种是传统击球技术；另一种是前臂鞭打式击球技术。通过分析两种不同网球底线击球技术的握拍、步法和引拍、挥拍的运动轨迹，从生物力学特征上比较它们的技术特点可以看出，前臂鞭打式击球技术比传统击球技术有明显优势，可以击打出力量更大、速度更快、旋转更强，极具穿透力的前冲上旋球，显著地提高了击球的攻击性和稳定性。前臂鞭打式底线击球所能发挥出的力量、速度和旋转是传统击球技术难以达到的，前者的技术合理程度更适应当今网球更强力量、更快速度的要求，代表了当今世界网球技术发展的潮流。

提高击球技术的五个要素如下：①胯部、肩部转动，肩部至少转 180°；②身体重量随球前移，即所谓的用身体打球；③准备时，发力腿弯曲、重心下移；④击球点位于身体前；⑤全身协调用力，加快拍头速度。另外，提高击球力量、速度关键还在于合理加大引拍幅度、提高挥拍速度、找准并选择好击球点，用球拍的"甜点"区域击打球的中心部位并充分地合上力，这些主要技术环节也是不容忽视的。

六、落地球击球动作的原理

落地球击球的技术动作是多种多样的，尽管方法要领各有不同，但在击球动作的环节方面是有共性的，正手击球、反手击球的击球动作都由后引球拍、向前挥拍、球拍触球和随挥四个部分组成。

（一）向后引拍

向后引拍是把球拍拉向身后，准备击球的动作环节，这个动作环节除握拍需用手部的肌力外，其他部位的肌肉不应紧张，特别是肩部一定要放松。向后引拍可采用直接向后引拍、小回环引拍和大回环引拍（即拍头由上向后再向下划一圆弧）。现代网球技术以争取速度为主，若球拍向后摆动过大，势必影响最佳击球时间和向前挥拍击球的速度，但向后引拍的幅度大小还应根据击球需要灵活掌握。

（二）向前挥拍

向前挥拍是把引向身后的球拍，从后向前挥动去迎击来球的动作，这一动作是决定击球速度的关键环节，整个动作的完成要遵循鞭打式击球的动作原理。首先，由支撑腿开始发力，躯干、肩部、上臂、前臂及手依次传递完成动作，最后为了克制来球的撞击力，手要牢牢地固定腕关节及击球的拍面。

（三）球拍触球

击球的质量取决于球拍触球的一瞬间。特别是对初学者来讲，如果没有用拍面的"甜点"区域来击球，或者击球的一瞬间球拍握得不牢固，都会出现击球不稳或失误的情况。

（四）随挥

随挥是击球后顺着挥动球拍的惯性随势前挥的过程，既是整个击球技术动作结束阶段，又是击球后上肢肌肉相对放松阶段以及协调技术动作的阶段。

雨刷式随挥是正手击球最重要的技术动作之一。职业选手几乎在每一次的正手击球中都采用雨刷式随挥。如果想掌握专业级的正手击球，就必须掌握这种随挥动作：在身体前方用球拍、手掌、手臂和肩部一起划出一条彩虹轨迹。雨刷式随挥可以使正手充满力量，给予大的旋转，并能很好地控制击球方向。从本质上讲，雨刷式随挥是现代正手上旋击球动作的延续。正确的上旋击球动作是用球拍从后向前、向上推动球，如果在击球点上正确地应用了上旋击球动作，那么雨刷式随挥就会自然产生。雨刷式随挥的一个重要特征就是球拍尽可能长时间地停留在身体的右侧（而不是很快地绕过身体），击球点只是击球的真正开始。职业球员在击球点上会继续向前加速推动来球、继续向上加速举起来球、躯干继续转动和手腕始终保持稳定通过击球点一段距离；而业余球手的常见错误是在击球后马上转动手腕刷球，没有运用到肩膀和手臂的力量。

七、根据球场不同位置选择不同击球方式

"打摩结合"是力量、速度与旋转的结合。速度与旋转分别是"打"与"摩"两种不同击球力的作用结果，"打"可以产球的加速度，"摩"则能产生球旋转的角加速度。对于球的速度和旋转而言，可以描述为球受到力和力偶矩的作用，并使球产生一边前进一边旋转的运动状态。一般离网越远"打"的成分越多，"摩"的成分越少；离网越近，"摩"的成分越多，"打"的成分越少。至于每次击球，"打"和"摩"之间的比例分配，是长期实践的经验总结，是根据当时想法和战术要求决定的。

第三章　网球运动的基本技术教学

第一节　握拍和步法

一、网球基本握拍法

握拍是所有击球的基础，它主宰着击球时的拍面角度、击球点及控制、深度和力量等最重要的击球品质。基本的握拍方法大概有以下六种：东方式正手握拍、东方式反手握拍、西方式握拍、大陆式握拍、半西方式握拍、双手反手式握拍。

选择何种握拍法，关键是看何种握拍法最适合你发挥击球力量及掌握平衡。因此，我们在选择握拍法时，应充分认识到：握拍虽然有许多不同的方式，但是我们应该更多地注重击球的效果，而不是击球动作的外观。

（一）东方式正手握拍

东方式握拍法最先在美国东海岸一带流行，因而取名为东方式。它开始是在沙土球场上使用的，后来在其他场地上使用也取得了较好的效果，因而被广泛地采用。东方式握拍法分为正手握拍与反手握拍两种。

东方式正手握拍法（以右手球员为例）是指右手虎口的"V"字形对准拍柄的第四条棱线的握拍方法。食指成扣扳机状，与其他几个指头分开，另外四只手指环绕于拍柄，但不要抓得太紧，球拍不从手中滑落即可。初学者可采用一种简单的方式进行此种握拍，就是左手扶住拍颈，右手自然张开，用掌心贴住拍面，并顺势下滑，至拍柄的底部对准大鱼际，就像是和拍子握手，因此通常也叫"握手式"握拍法。

（二）东方式反手握拍

右手虎口的"V"字形对准拍柄的第二条棱线的握拍方法叫东方式反手握拍法。

（三）西方式握拍

西方式反手握拍法是指右手虎口的"V"字形对准拍柄的第五、第六条棱线之间的握拍方法。也有一种简单的方式，就是把拍子放在地面上，用手自然地把拍子抓起来就是西方式握拍法，故西方式握拍法最形象的表述是"一把抓"。

西方式握拍法过去曾在美国西海岸加利福尼亚州一带流行，因而取名为西方式。由于掌握它难度较大，故只被一些职业运动员所采用。现在，世界一流的网球运动员大多采用西方式或半西方式握拍法。它的特点是击出的球正手旋转较强，用于"破网"威力较大。

西方式握拍法最显著的特点是正、反手击球使用了同一个拍面。正手击球与反手击球相比较，球拍逆时针转动了180°，而手腕仅顺时针转动了90°。

（四）大陆式握拍

大陆式握拍法是指右手虎口的"V"字形对准拍柄的第三和第四条棱线之间的握拍方法。

大陆式握拍法过去在欧洲大陆，特别是在法国的草地网球赛中流行，现在多用于上网截击和发球。大陆式握拍介于东方式正手和东方式反手握拍之间，它的特征最形象的表述是"手握铁锤柄"，故也称"握锤式"握拍法。大陆式握拍正、反手击球的握法是相同的。

（五）半西方式握拍

半西方式握拍法是指右手虎口的"V"字形对准拍柄的第五条棱线的握拍方法。

（六）双手反手式握拍

双手反手式握拍法的握拍方式较多，最常见的是双手反手握拍法，其是指右手采取东方式反手（或大陆式）握拍，左手采取东方式正手（或半西方式）握拍的握拍方法。

二、网球的步法

（一）正手击球的步法特点

1.东方式正手击球

采用东方式正手击球时，由于要充分利用身体重心的前后移动来打球，因此一定要保持向前迈步击球的步法。常采用关闭式步法，侧身迎接来球。击球前重心在后脚，击球时重心移至前脚。

2.西方式正手击球

采用西方式正手击球时，因为主要用转肩的力量来提拉上旋球，所以击球时重心落在后脚上。常采用开发式步法击球。

（二）反手击球的步法特点

1.单手反拍击球

单手反拍击球时，右脚要跨过左脚，保持背对来球，击球时重心在前脚。

2.双手反拍击球

双手反拍击球有两种站姿：一种是侧对来球站立，一种是双脚对球网开放式站立。

（三）发球的步法特点

发球时，不论是在右区发球还是在左区发球，都要保持右脚的脚尖指向右网柱，并且两脚尖的连线指向相应的发球区。开始挥拍前，重心在前脚，然后随向下向后的挥拍的同时将重心后移，再随着上举球拍向前蹬腿，利用重心前后移动的力量来增加发球速度。另一种是后脚靠近前脚的发球步法。随着上举球拍的结束，准备向上击球之前，让后脚靠近前脚，平稳地向前移动重心，保持双脚同时向上发力击球。

（四）截击球的步法特点

对于正手截击球，针对三种不同情况的来球，有不同的步法：第一，恰好在正手击球位置的来球，同正手击球步法一样，向前跨出左脚，侧对来球迎击；第二，稍远离身体的来球，采用左脚跨过右脚的步法击球；第三，直接奔向身体的来球，要迅速后撤右脚，再顶住右脚用重心前移来挡击球。反手截击球步法与正手截击球步法相同，只是左右脚相反运动即可。

（五）高压球的步法特点

打高压球时一定要保持侧对来球，右脚与底线平行，左脚尖稍指向右网柱。常用的高压球步法有两种：一种是向后侧滑步法，一种是侧后交叉移动步法。

（六）场上击球前的移动步法特点

在比赛中，很少有球直接喂送到你的身边，让你很舒服地不用调整步法即可击球。大多情况下，需要你不断地移动，迅速站稳，等待击球。因此，场上的移动步法也是非常重要的，除了一般的跑动外，常见的还有滑步步法和左右交叉步法。

1.滑步步法

滑步步法多常用于前后移动不太远的正反手击球。这里，请注意一点，滑步的同时，应提前引拍，最好做到保持向后引拍的姿势移动。具体的步法要点是：向前移动时，蹬出右脚的同时，向前跨出左脚，连续向前即形成前滑步步法；向后移动时，左脚后蹬的同时，向后迈出右脚，连续形成后滑步步法。

2.左右交叉步法

左右交叉步法常用在两侧边线附近的来球。向右移动时，向右转体，左脚先向右前方跨出，交叉于右脚外侧前方，再跨出右脚；继续跨出左脚于右脚外侧，反复向右交叉移动，就是右交叉步步法。向左移动，方法与向右移动相同，左右脚方向相反，就是左交叉步步法。

第二节　正反手击球技术

一、正手击球技术

（一）基础知识

正手击球是网球运动中最主要的击球方法之一，也是最基本、最可靠的进攻性得分手段，所以正手击球是网球爱好者必须学习和掌握好的一项基本技术。有了正手击球的稳定性，才算是掌握了打好网球的基础。强大的正手击球是回击对方来球最有效的击球手段。网球运动中，正手击球的机会很多，并且击球有力，球速较快，比赛中常常通过正手击球打出的线路及球速来控制对手，占据场上主动，达到得分的目的。

正手击球技术可分为传统正手击球和现代正手击球两种。传统正手击球是指运用关闭式步法，采用东方式正手握拍的一种击球方法。现代正手击球则是运用开放式步法或半开放式步法，采用西方式或半西方式握拍的一种击球方法。20 世纪 80 年代以前，传统正手几乎是击球方式的唯一选择，影响了几代网球选手。传统正手击球因其动作规范、击球准确，而被大家广泛采用。

现代正手击球因其握拍技术的独特性、击球线路的合理性，并能产生强烈的上旋，已成为当今网坛进攻型选手的必备武器。其开放式和半开放式的步法，更能充分发挥现代网球运动员身体素质好的优势，同时使用西方式和半西方式握拍方法能击出更加强烈的上旋球，使正手击球的攻击性大大增强，被现代许多优秀选手所采用。

（二）传统正手击球技术的动作要领

1.握拍

采用东方式正手或大陆式握拍。

2.准备姿势

面对球网，两脚左右开立，略比肩宽；双膝微屈，上体微微前倾，重心落在两腿之间；右手握拍，左手轻扶拍颈；拍头略高于手腕，拍面垂直于地面并指向前方。

3.后摆引拍

采用关闭式步法。判断来球方向，做引拍动作，转体的同时带动拍子后引，做弧形后摆动作。右脚转动基本与底线平行，左脚向前方45°角迈步，此时身体重心位于右脚，两肩膀的连线垂直于球网，两眼紧盯来球。

4.挥拍击球

看准来球，找准击球位置，保证击球点在左脚的右侧前方。球拍由后向前挥出，球拍触球时，继续前送，此时膝关节仍然保持弯曲，最佳的击球高度保持在腰部或更低，击球时的瞬间身体仍保持关闭，身体重心移至左脚。

5.随挥动作

击球后，球拍继续向前挥动，直至球拍于左肩膀上方结束。此时，拍头向上，拍柄底部向下。身体由原来的侧对球网改为面对球网，随挥完成后，随即恢复到准备姿势。

（三）现代正手击球技术的动作要领

1.握拍

现代正手击球一般都采用西方式或半西方式握拍法。

2.准备姿势

和传统正手击球的准备姿势相同：面对球网，两脚左右开立略比肩宽；双膝微屈，上体微微前倾，重心落在两腿之间；右手握拍，左手轻扶拍颈；拍头略高于手腕，拍面垂直于地面并指向前方。

3.后摆引拍

采用开放式步法。当球离开对方的球拍时，立即转髋带肩，向后引拍，动作幅度较小，双腿几乎与底线平行。此时，身体的重心落在右脚上。左臂抬起，跟随右臂移动，此时两只手臂像是被手铐铐住一样，同时移动，以保证能充分转肩，为击球做好准备。

4.挥拍击球

击球点在右脚的侧前方，高度比传统正手击球要高，通常在腰以上和肩部以下的位置。击球时，拍头通过击球点时向前、向上加速，此时双腿进行爆破式发力。

5.随挥动作

现代正手的挥拍过程，由于充分利用了肩、肘、手腕的柔韧性和灵活性，球拍击球后还要顺势向上、向前、向后继续挥拍，保持环状挥拍的连贯性和完整性。随挥结束后，球拍应挥至颈后，肘部高于传统正拍。

（四）传统正手击球技术与现代正手击球技术的区别

传统正手击球技术与现代正手击球技术有以下六种区别。

（1）握拍不同：传统正手击球技术采用大陆式或东方式正手握拍的方法；而现代正手击球技术采用西方式或半西方式握拍的方法。

（2）步法不同：传统正手击球采用关闭式步法；而现代正手击球采用开放式步法。

（3）发力方式不同：传统正手击球前身体重心在后脚，击球时重心向前移动到左脚；现代正手击球前身体重心在右脚，击球时双脚同时做爆破式发力，身体重心向前侧转动。

（4）击球点不同：传统正手击球点在左脚侧前方，高度在腰部或腰部以下；而现代正手击球点在右脚侧前方，击球高度在腰部以上、肩部以下。

（5）挥拍路线不同：传统正手挥拍由后向前直线挥动较多；现代正手向侧前方横向挥动较多。

（6）随挥结束动作不同：传统正手随挥结束后，球拍挥至左肩，拍柄底部指向地面，拍头向上，身体也由挥拍击球时的侧对球网转为正对球网；现代正手随挥结束后，球拍挥至颈后，肘部的位置略高于传统正手击球。

二、反手击球技术

（一）基础知识

反手击球技术是指在底线附近，回击对方击到持拍手另一侧来球的技术。反手击球技术包括反手平抽球技术、反手上旋球技术、反手削球技术和双手反拍技术四种。一方面，网球初学者几乎都是从正手开始学习网球的，正拍的拉拍动作既方便又容易，身体向同侧转动已成习惯，所以一般情况下，反手技术比正手要差。另一方面，由于反手击球力量相对较小，比赛中会被对手作为弱点来进攻，但事实上，在学好正拍的基础上，反拍击球动作往往更容易完成。所以，初学者只有熟练掌握这项技术，网球水平才能更上一个层次。

（二）反手平抽球技术

反手平抽球是指在持拍手另一侧击打落地球的技术，它和正手平抽球一样，都是网球基本技术中最常用的击球方法。反手平抽球的特点是：如果用同样的力量击球，这种球的球速最快，球的飞行路线最平直，球落地后反弹弧线低，且前冲力较大，但失误率较高，尤其在移动中打平抽球，很难控制球的准确性，打出的球容易下网或出界。

1.握拍

反手平抽球采用的是东方式反手或大陆式握拍方法。

2.准备姿势

面对球网，两脚左右开立，略比肩宽；双膝微屈，上体微微前倾，重心落在两腿之间；右手握拍，左手轻扶拍颈；拍头略高于手腕，拍面垂直于地面并指向前方。

3.后摆引拍

当球离开对方的球拍，判断要用反拍击球时，要立即向非持拍手的另一侧转体、转肩，持拍手同侧的脚同时向另一侧前方跨步，非持拍手轻扶拍颈，帮助持拍手调整拍面角度，并帮助持拍手把球拍拉向非持拍手一侧后方，仿佛把球拍抱在怀里，此时拍柄的底部对准来球，双膝弯曲，身体重心落在后面的这只脚上。

4.前挥

后脚蹬地，转髋带肩，同时带动手臂，由后向前挥动，左臂同时后移，身体重心开始前移。反手击球的前挥和正手击球的前挥有很大的区别，正手是向心运动，而反手则是离心运动。

5.挥拍击球

在身体重心前移的带动下，加大转髋的幅度，手臂在肩的带动下，随之由后向前几乎直线挥出，击球的后中部，持拍手腕固定，在脚前45°角左右腰部高度击球，拍面几乎与地面垂直。

6.随挥动作

反手击球后，应继续做完随挥动作，应随着挥拍的惯性继续向前上方送出，此时两只手臂已是完全打开。动作结束后，随即恢复到准备姿势。

（三）反手上旋球技术

1.握拍

反手上旋球采用的是东方式反手握拍或西方式握拍。

2.准备姿势

两脚开立与肩同宽（或比肩稍宽），站于底线后，两脚稍成内八字；重心落在前脚掌；膝关节保持微微弯曲并稍内收；上体微微前倾，含胸，收肩，保持一定的紧张度；双手自然持拍于体前，非持拍手以拇指、食指、中指轻扶拍颈，辅助持拍手保持放松状态；头部保持正直，视线平视对方。整个身体状态蓄势待发，随时准备启动。

3.后摆引拍

当球离开对方的球拍，判断要用反拍击球时，要立即向非持拍手的另一侧转体、转肩，持拍手同侧的脚，同时向来球方向前跨半步至一步，非持拍手轻扶拍颈，帮助持拍手调整拍面角度，并帮助持拍手把球拍拉向非持拍手一侧的后方，拍头上翘，非持拍手臂抬起并保持其高度，基本与肩齐平，持拍手臂保持适度的弯曲，双眼注视来球，双膝弯曲，身体重心落在后脚上。

4.前挥

后脚蹬地，转髋带肩，同时带动手臂，由后向前挥动，左臂同时后移，身体重心开始前移。反手击球的前挥和正手击球的前挥有很大的区别，正手是向心运动，而反手则是离心运动。

5.挥拍击球

在身体重心前移的带动下，向前挥拍主动去迎击球，击球点在持拍手同侧脚的侧前方，击球的部位是球的后中偏下部位。击球前，拍头略低于来球，挥拍路线是从后下方向前上方加速挥出。击球的瞬间，手腕绷紧，拍弦由下至上擦击来球，使球产生强烈的上旋。

6.随挥动作

反手击球后，应继续做完随挥动作。应随着挥拍的惯性继续向前上方送出，身体转向球网，此时两只手臂已是完全打开。动作结束后，随即恢复到准备姿势。

（四）双手反拍击球

双手握拍，由于击球力量大，稳定性好，流行于当今的网坛。由于用两只手握拍，大大增加了腕力，克服了手腕晃动的弊病，提高了击球的准确性，同时对对手的来球也可以进行有力的回击。

1.握拍

双手反拍击球的握拍方法是：右手在下，用东方式反手（或大陆式）握拍，左手在上，用东方式正手（或半西方式）握拍。

2.准备姿势

两脚左右开立，与肩同宽（或比肩稍宽），站于底线后，两脚稍呈内八字；重心落在前脚掌；膝关节保持微微弯曲，并稍内收；上体微微前倾，含胸，收肩，保持一定的紧张度；双手自然持拍于体前，非持拍手以拇指、食指、中指轻扶拍颈，辅助持拍手保持放松状态；头部保持正直，视线平视对方。整个身体状态蓄势待发，随时准备启动。

3.后摆引拍

当球离开对方的球拍时，一旦判断来球并决定用双手反手击球，就应该立即转肩带动手臂和球拍向后摆，身体侧对来球，双臂紧靠身体，拍柄底部对准来球。此时，身体重心由双脚之间移向左脚，同时右脚向左前方45°角迈出，两脚之间的距离略比肩宽。

4.挥拍击球

当球进入击球区域时，双脚蹬地，转髋带肩、手臂及球拍向前挥动，击球点应在右脚侧前方腰部高度。前挥动作要求平滑连贯，拍头稍微低于击球点。击球时，身体重心前移，眼睛紧盯来球，击打球的后下部，球拍由后下往前上挥动，击球时拍面几乎与地面垂直。

5.随挥动作

击球后，球拍沿击球方向前上方继续挥出，身体重心移至右脚。结束时，球拍应挥至脑后。

（五）反手下旋球（反手削切球）

网球爱好者要想打好网球，反手削切球是一项必须熟练掌握的技术，这是因为反手削切球适应范围较广，且常常令对手防不胜防。和上旋球相比，反手削切球打出的球的旋转是反向的，所以球落地后有一种弹不起来的黏滞感，在红土场上这一点尤为突出，这也是红土场上放小球屡屡得手的原因。我们在学习反手削切球的技术之前，必须了解反手削切球的几个特点：首先，反手削切球容易控制球；其次，反手削切球多用于防守（有时也用于进攻）；再次，可以使击球富有节奏变化；最后，反手削切球可以在自己被动时为自己争取回位的时间。

1.反手切削球的技术要领

（1）握拍

反手切削球采用的是大陆式握拍或东方式反手握拍。

（2）准备姿势

两脚左右开立，与肩同宽（或比肩稍宽），站于底线后，两脚稍呈内八字；重心落在前脚掌；膝关节保持微微弯曲，并稍内收；上体微微前倾，含胸，收肩，保持一定的紧张度；双手自然持拍于体前，非持拍手以拇指、食指、中指轻扶拍颈，辅助持拍手保持放松状态；头部保持正直，视线平视对方。整个身体状态蓄势待发，随时准备启动。

（3）后摆引拍

当球离开对方的球拍，判断应该用反拍击球时，要立即向非持拍手的一侧转体、转肩，带动手臂转动，使背部对准来球；持拍手同侧的脚，同时向来球方向前跨半步至一步；非持拍手轻扶拍颈，帮助持拍手调整拍面角度，保持拍面微微打开，拍头上翘，持扣手臂靠近肩部并保持适度的弯曲；双眼注视来球，双膝弯曲，身体重心落在后面的这只脚上。

（4）挥拍击球

双脚蹬地，髋向前顶，身体重心前移，肩关节不能打开过早，同时持拍手臂由后上方向前下方挥出，左手向后上方移动，击球的后下部，击球时手腕保持紧张，拍面保持固定，击球点尽量保持在持拍手一侧脚尖的前方，眼睛紧盯来球，双肩基本保持水平。

（5）随挥动作

击球后，身体重心继续前移，手臂、球拍继续向前。削球的随挥应体现简洁、短促的特点，随挥的路线越短越好，这样更有利于及时收拍，减少小臂和手腕的甩动或翻转，有利于控制球的线路。

2.常见错误及纠正方法

（1）引拍时拍头过低

纠正方法：

①练习者练习的时候，眼睛跟随引拍动作，检查引拍情况，拍头应高于肩膀；

②练习的时候强调非持拍手一定要高于持拍手；

③击球时，要求球拍稍稍后仰，并由后上方向前下方挥拍。

（2）击球后随挥幅度不够

纠正方法：

①练习者在镜子前反复做正确的击球后的随挥动作；

②在随挥结束的位置设置标志物，先挥空拍练习，要求随挥触及标志物，然后自抛自击，随挥时同样要触及标志物；

③要求击球完成后，身体打开，面对球网。

（3）引拍距离短，击球无力

纠正方法：

①练习者要用非持拍手主动帮助持拍手向后引拍；

②引拍结束时，主动用持拍手一侧的肩膀去顶住下颚；

③持拍手臂努力后伸，同时大臂贴住上体。

（4）击球时拍面转动，一碰即飞

纠正方法：

①击球时用力抓紧拍柄，手腕固定；

②找准击球点，用拍子的"甜点"击球；

③击球后球拍跟进送出，加大随挥力度，增强控球能力。

（5）削球太"薄"，球过浅

纠正方法：

①眼睛盯住来球，击球的后中部或后下部；

②击球时的拍面不能太开，应是几乎与地面垂直的；

③调整握拍。

三、正、反手击球训练方法

（一）熟悉球性

网球运动容易使初学者联想到打乒乓球和羽毛球，而它们之间的差别还是很大的，单从运动器材上看，网球拍和网球要比那两种球重很多。所有的球类项目都讲究球感，因此在开始接触网球的时候，我们也应该以熟悉球拍和建立球感为主。

1.颠球

用球拍将球向上颠起，并借助拍弦的弹性和自己的控制让球在球拍正、反两面不断跳动。熟悉后还可以用拍框颠球。

注意感觉球落在球拍不同部位时的感受有何不同。

2.拍球跑

用球拍拍着球绕场地跑。

注意力量的控制，体会手腕控制拍面的感觉。

3.二人近距离颠球

双方面对面站立，距离 2~4 米，一方将球颠给另一方，另一方再将球颠回，重复并连续进行，尽量不使球落地。

注意击球时尽量将速度放慢，拍面基本朝上。

4.两人打同一目标练习

双方相距 6~8 米面对面站立，在中间设立一个目标，两人轮流把球打进目标区内，尽量只落地一次就击球。

5.两人近距离打落地球

双方相距 8~10 米远，一方将球打给另一方，另一方等球落地后将球打回，重复并连续进行，达到一定成功率后由无网练习改成有网练习。

注意控制好球拍面角度，动作放慢，球向前上方送出。

（二）动作学习阶段

此阶段以学习和掌握动作的技术要领为主，建议采用无球模仿练习和有球练习。

1.模仿练习

模仿练习适合于没有基础的初学者在学习新动作的最初阶段使用。教练做示范动作，学员模仿。

学员应时刻注意动作的准确性和协调性，而教练也应随时纠正学员的错误动作。当学员获得技术动作的肌肉感觉时，就可进入击球练习。

2.击球练习

有球练习可以从原地击球练习开始，最后过渡到移动击球练习。原地教学过程可以把击球动作分成几步来完成。

（1）原地侧身站立击落地球练习

侧身对着击球方向站立，左手握球在体前张开，拍子向后举起，让球垂直下落，在球落地弹起再下落时击球，挥拍不要太快。

注意动作的准确性和节奏。

（2）原地准备姿势站立击落地球练习

面对击球方向以准备姿势站立，同伴在右前方将球放下，使球自然落下，在球落地弹起时再开始下落时击球。

注意拉拍的时机和动作的节奏。

（3）侧身站立击手抛球练习

侧身对着击球方向站立，左手在体前张开，拍子向后举起，同伴在右前方将球下手抛过来，在球落地弹起再下落时击球。

注意用脚步调整站位，找准击球点。

（4）准备姿势站立击手抛球练习

面对击球方向以准备姿势站立，同伴在右前方将球下手抛出，在球落地弹起再开始下落时击球。

注意拉拍的时机和转身面对来球。

（5）准备姿势站立击球拍供球练习

练习者的击球位置可以从半场逐步退到底线附近。教师根据学员的水平变化改变供球的速度和难度。

（6）对墙击球练习

对于广大网球爱好者来说，一面平坦的墙就是非常好的球伴，因为它能把你打过去的任何球都回弹过来，充分保证练习的连续性。对墙可以进行自抛球练习，也可以进行连续击球练习。练习者从离墙 5 米逐渐退至 10 米远左右，用适当的力量对墙上某一固定区域击球，使弹回的球回到有利于下次击球的位置。

要特别注意：根据自身的水平调整击球的力量。因为击出的球力量越大，弹回的速度越快，下次击球的难度就更大。

（三）移动和场地对打练习

经过前面的无球和原地击球练习，练习者已经基本熟悉球性并建立了一定的动作感觉，这时候就可以到场地上进行移动和对打练习了。

这一阶段的任务是巩固和提高技术水平，首先追求的是成功率。击球力量要适中，在具备一定成功率的基础上控制球的落点和线路。在对打练习中争取多打来回球，这样能增加练习次数，有利于技术的提高和培养打网球的兴趣。

1.近距离直线对打练习

双方站在发球线和底线之间，以尽量慢的速度来回击球，球的落点控制在发球区内。注意引拍要早，调整好拍面的角度。

2.近距离斜线对打练习

方式与近距离直线对打练习类似，但双方站在场地的对角线上，将球打给站在斜对面的搭档。

3.远距离直线和斜线对打练习

类似于前面的两个练习，区别是现在不再使用小场地而是整片场地。由于站在底线后，离球网更远了，难度比短距离练习大很多。要注意以下几点：

（1）适当提高球的过网高度，尽可能使球落到底线与发球线之间的区域。

（2）适当加快挥拍速度，但是要控制击球的力量，最重要的是成功率。

（3）眼睛盯住球，尽量早地判断球的落点和线路，以便选择最佳的击球点。

（4）要多跑动，在移动中多用小碎步和垫步调整击球位置，并保持身体平衡。

4.固定区域击球练习

两练习者可以先在半个场区对打练习，达到一定成功率后，再到更狭窄的单双打之间的区域练习。

注意成功率始终是第一位的。

5.一点打两点练习

练习者 A 用正手或反手把球打到底线的两个角上,练习者 B 在移动中将球击回到同一区域。要注意以下几点:

(1)练习过程中,眼睛始终不离开球。

(2)击球时左臂张开以保持身体平衡。

(3)击球后迅速调整站位,回到准备姿势。

6.直线和斜线变化练习

两练习者站在底线对打,一人全部打直线,另一人全部回斜线,达到一定成功率后,换线路练习。

注意控制球速,先把线路的变化打出来,然后再提高回球的质量。

7.多球练习

无论是对于高水平的专业运动员还是初学者,这都是一个非常重要的练习手段。教练员可以根据学员的水平、技战术的要求,改变供球的旋转、力量和线路。例如,练习正反拍的三种线路,教练员可选择站在网前、底线以及直线或斜线方向供球,学员分别将球击向小斜线、大斜线和直线。

注意积极移动调整好身体的位置,体会三种线路击球点和拍面角度的不同。

第三节　接发球技术

一、发球技术

网球比赛是从发球开始的,发球是网球技术中最重要的技术之一,是唯一由自己掌握而不受对方干扰的击球法。发球在现代网球运动中是鉴别、评价技术水平的最重要的指标之一,是取得竞赛胜利的主要得分手段。所以,必须掌握良好的发球技术。发球质量的好坏取决于以下三个指标:一是速度,就是以较快的速度压制对方的有力还击,使对方的回球变得无威胁,甚至使对方直接失误,比赛中经常出现的 ACE 球的重要原因就是速度；二是落点，落点之所以重要，是因为它专门打在对方的最弱处，而避开其长处，使对方无论如何也打不出理想的攻击性的球，甚至造成对方失误；三是旋转球，这种球速度不快，落点不刁，但由于它落地弹起后改变方向或弹跳又低又短，直接造成对手击球不准，给对手在接发球上制造了麻烦，给发球者提供了进攻的机会。在发球中能掌握好这三者之一，就不至于被动挨打，如掌握其三者之二就可称为良好的发球。要掌握好发球的这三个要素，首先要掌握正确的发球技术的动作要领。

（一）发球技术的动作要领

1.握拍

发球技术采用的是大陆式或东方式反手握拍方法。

2.准备姿势与站位

两脚开立比肩稍宽，全身放松，侧对球网站在底线后，左脚与底线约成45°角，脚尖指向右侧网柱，右脚基本与底线平行，重心落在左脚上，左手持球拍在前腰部，拍头指向前方，精神集中。

单打发球的站位，右区站在底线后中点的右侧，这里距发球区最近，发球后便于保护全场，左（前）脚距底线约5厘米，左脚与底线成45°角，两脚距离约同肩宽，右脚几乎与底线平行，两脚的连线对着发球区，左手持球并轻托拍颈在腰部，侧身对网，拍面垂直于地面，拍头自然指向前方，身体重心在前脚掌上，身体放松，呼吸均匀，精神集中。左区发球的站位在底线后中点的左侧约50厘米，左脚与底线的交角略小于45°，两脚的连线对着发球区，因为是从底线的左后方向右前方发球，整个身体和站位的角度都需要向右转。

双打发球的站位与单打不同，一般都站在中点与边线的中间，这样可以使发球后迅速移动到有利的击球位置的路线最近，容易保护自己的半场。

3.抛球

准备动作稳定下来以后，顺势就是抛球及挥拍击球了。这两个环节能否配合好是能否发好球的关键，而抛球的质量又是关键中的关键。位置得当、出手平稳的抛球无疑为挥拍击球创造了稳定的条件，反之则无疑给下面的一系列动作环节制造了一个不稳定的外部环境。在飘忽不定的抛球下，要发出好的发球是根本不可能的，初学者更是如此，所以学发球的第一步是先学抛球，并要抛好球。

（1）抛球的方法

在准备动作的基础上，持球手的肘部渐渐地伸直并向下靠近持球手的同侧大腿，然后从腿侧自下向上将球抛起。在整个动作过程中，手臂保持伸直的状态，其走势与地面垂直，掌心向上，以拇指、食指、中指三指将球平稳托起，尽量避免勾指、抛手腕等多余的手部小动作，以免影响球的平稳走势，球在空中的旋转越少越好。球脱手的最佳点在手掌走势的最高点，脱手过早容易造成球在空中旋转或晃动，出手过晚则会使球抛向脑后失去控制。脱手时托球的手指以最大限度展开，球不是被"扔"到空中而是被"抛送"到空中的，练习者应该仔细体会。

（2）球脱手后在空中的位置

根据不同的需要，球脱手后在空中相对于身体的前后位置也不尽相同。一般来说，第一发球强调速度与攻击力，击球点较靠前，因此球也抛得较靠前；第二发球较为保守，在保持成功率的前提下强调球的旋转和控制球的落点，击球点也就相应后移，因此球自然抛得靠后一些，基本上与背弓姿势身体的纵轴线相一致。

抛球的位置也可参照球落地后相对于前脚的位置来确定。一般来说，第一发球抛球后球应落于前脚前一个拍头的位置上。

（3）抛球的高度

球被抛在空中究竟多高才算合适，这个要因人而异，抛球的高度也限制了挥拍击球所用的时间。从准备姿势到抛球出手，身体重心还有一个后靠至后脚再前移至前脚的过程，同时髋部前顶，腰呈背弓状，然后反弹背弓并发力挥拍击球。初学网球的人总是要面临抛球的问题，这没关系，只要"再抛一次"，这个问题就解决了。因为抛球稳定是建立在多次抛球的基础上的，许多著名球星在比赛之前也经常练习抛球，有的甚至在宾馆的床上就开始练习抛球，何况广大的网球爱好者呢？所以，练习者应该拿出一些时间专门练习抛球。另外，抛球时，眼睛盯球也是十分重要的，这一点请大家千万切记。

（4）抛球的位置

比赛中，平击发球因为速度快，在一发中常被采用。抛球位置应在头部右前上方，在高点击打球的后上部，直线击出。侧旋发球易于控制，更适用于二发和发内角球，抛球的位置比平击发球靠外。上旋发球落地后会高高地弹起并前冲，对手不容易接发球抢攻，故高水平的选手多在二发中采用。它的抛球位置在头顶靠后，即球抛在背弓时人的头顶上。

4.后摆及挥拍击球

（1）后摆引拍

这个动作与抛球是同时进行的。开始抛球时，身体向持拍手一侧转体，同时持拍手引导球拍贴近身体像钟摆一样将球拍摆至体后。

（2）背弓动作

球拍后摆至一定高度后（此高度因各人习惯而定），以肘为轴，小臂、手、拍头依次向体后、背部下吊，同时屈双膝并伴随身体后展呈弓状。

（3）准备击球

身体后展呈弓状的同时，持拍手中的拍子下吊到背后，拍头朝下，好像在用拍头给后背搔痒，所以被称为"搔背动作"，其目的是使持拍手能有一个足够灵活的摆动提速的过程，为到达击球点的一瞬间力的爆发做充分的准备。

（4）击球

在屈膝、背弓动作的基础上自下而上依次蹬直踝部、膝部，反弹背弓并向出球方向转体，与此同时，仍以肘为轴带动手、拍头摆向击球点，最后在力的爆发点上击中抛送于空中的球。发力是自下而上一气呵成的，其速度的快慢由各人自己掌握，习惯和素质不同击出的球速也就不一样，但有一点是相同的，球拍击球时应是球拍速度最快、最具爆发力的那一瞬间。这时需要强调的是，此时左臂的位置是弯曲紧靠身体的，这样会更有利于提高击球的速度。

（5）球拍击球点的位置

球员手持球拍在空中所能争取到的最高点就是击点。弓背积蓄力量及蹬地、发力示意是一个比较理想化的说法，因为根据第一发球和第二发球的不同需要以及发球性质的不同，击球点的位置也不同，在球拍接触球的过程中，要注意体会拍面向上—向前—向下三个运动过程。

（二）发球的种类

发球基本分为三种：平击发球、切削发球、旋转发球。每一种发球都有自己的特点和作用。

1.平击发球

平击发球是一种几乎不带旋转的大力发球，球的飞行轨迹近于直线，发出的球力量大，速度快，落点深，能给对方带来很大的威胁。熟练掌握后，如果运用合理，是一种得分手段。平击发球素有"炮弹式发球"之称，其缺点是命中率低，且消耗体力，一般情况下用于第一发球。

平击发球的正确打法是拍面中心平直对球，使球不产生旋转。平击发球的关键是力量，它来源于背弓的打开和身体的转体收缩，就像弹簧压缩后突然放开所释放的巨大能量。击球时，挺胸，展腹，提踵，顺势用鞭打动作向上向前挥拍，击打球的后中部。随着击球时身体重心的迁移，上体自然向场内倾斜，下肢随即向场内跨步，持拍手顺势自然向斜下方随挥，直至持拍手异侧的侧下方。

平击发球的技术要点：

（1）球要抛在握拍手一侧的前上方；

（2）挥拍击球时，整个身体要放松，完全打开；

（3）击球点尽量高，手腕内旋，使拍面与击球方向垂直；

（4）在身体前面击球，并使重心跟进；

（5）抬头紧盯来球；

（6）随挥时，球拍挥至持拍手异侧身体的下方，左手同时放开，保持好身体的平衡。

2.切削发球

切削发球的击球点略比平击发球低一点，击球时球拍多由斜上向下切削，使球在飞行中带有侧下旋，曲线进入发球区。这种发球的特点是：不仅球速快，威胁性大，而且安全性较高，可用于一发，也可用于二发。由于这种发球的命中率较高，因此当今世界网坛的许多高手经常在比赛中使用。

切削发球击球前的动作与平击发球基本一致，只是抛球时，球抛得比平击发球更靠外（更靠右）。击球时，手腕不内旋，直接击球的右侧方。整个挥拍动作是从右侧上方至左下方，使球产生右侧上旋转，球的飞行路线是一条从右向左的弧线，以提高命中率，并可以把对方拉出场外。

切削发球的技术要点：

（1）使用大陆式握拍或东方式反手握拍法；

（2）抛球偏右侧前上方，须准确到位；

（3）抬头紧盯抛球；

（4）挥拍路线是从右前上方向左下方挥出；

（5）保持拍面与球是相切的关系；

（6）随挥充分到位，动作完整。

3.旋转发球

旋转发球的抛球比平击发球和切削发球更靠近身体，在头后稍偏左的位置。旋转发球要求发出去的球明显带有上旋和侧旋，使球产生一个明显的从上向下的弧线轨迹。整个发球动作中，发力越大，旋转越快，弧线就越大，命中率也就越高。这种球的特点是：落地后反弹较高，给对方回击球带来困难，给发球上网争取时间。为了加强球的旋转，球拍应击球的后下部并向上刷球，并有明显的扣腕动作。

旋转发球的技术要点：

（1）使用大陆式握拍或东方式反手握拍法；

（2）抛球要离身体更近一些，抛于头顶正上方或稍微再靠后些；

（3）腰部的扭转和背弓的程度大，重心靠后；

（4）击球时要有刷球的感觉；

（5）球拍是由脑后向上、向前挥出的；

（6）随挥充分到位，动作完整。

二、接发球技术

（一）基础知识

接发球技术并非一种固定的技术动作，而是接球员根据来球的路线、速度、落点和弹跳弧度等采用正、反手的各种击球手法，将来球回击到发球一方场地中的一项综合性技术。

1.接发球的站位

（1）通常接一发和二发所站的位置是不同的。接一发时，一般站在底线后稍远的地方；而接二发时，则相对较近一些，甚至可以在场地内接发球。

（2）根据发球者持拍左右手的不同，接发球者的位置也不相同。一般地，右手持拍在右发球区发球时，接发球者应站得靠外一些，右脚一般与单打边线对齐即可；右手持拍在左发球区发球时，接发球者应站得靠中间一些，在单打边线内侧附近。而当发球者是左手持拍时，在右发球区，接发球者应在右侧单打边线内侧做好准备；在左发球区，接发球者应在左侧单打边线的延长线上做好准备。

（3）依据发球者在每个区域的站位的不同，接球者也要相应地调整自己的位置。如果发球者比较靠近中点，那么接发球者也要相应地靠中间一些；如果发球者比较靠近边线，则接发球者也要稍靠近外侧一点。接发球的站位应随着发球者的站位的变化而变化，千万不可固守常规，应根据场上的具体情况随机应变。

2.对发球的预判

职业选手一般在对手抛球时就大概知道对手发球的方向，有一个动作的提前量。要做到提前预判对手的发球，必须具备以下几点：迅速掌握对手的发球习惯；观察对手发球的站位；看清对手抛球的位置。

3.接发球的基本动作

就一般的正反手接发球而言，当判断来球以后，应迅速向后引拍，尤其正手应及时转髋带肩，并保证在身体前面击球。击球后，身体重心要迅速跟上前移，后脚不要离开地面。

4.接二发的站位

职业选手二发时一般不减力，只是增加了球的旋转，球速也不是太慢。可是大多数业余选手二发时不仅旋转不够，而且力量也有明显的减弱，所以在接二发时，可以向前站一些，给发球者一定的心理压力，迫使其发出软球，给自己接发球创造机会，掌握场上的主动，或者造成发球者发球双误，直接得分。另外，需要强调的是，接发球时除非对方发球过软，击球位置特别舒适，否则不要在接发球时发全力，以免出现"暴力击打"，以赌博的方式来接发球。

5.接发球的原则

接发球除不要出现"暴力击打"外，一般还应遵循以下几点原则：

（1）接发球的路线：原则上是回对角斜线球；

（2）接发球的回球深度：应尽量把球打到底线附近；

（3）如果对方网前技术较差，也可以回击一些斜线短球，迫使对方上网；

（4）接二发时，应提早做准备，用侧身攻，攻击对手的反手弱侧；

（5）如果对手发球上网，一般多采用直线破网。

第四节　网球进阶技术

一、截击球技术

截击球是指在对方来球未落地之前，将球凌空拦击到对方场区内的球。截击是现代网球比赛中一项重要的得分手段，截击多在网前。截击的球一般速度比较快、力量大、进攻性强，所以在现代网球比赛中，谁占据了网前的主动，谁就取得了明显的优势。正手截击技术的好坏标志着网前选手拦网的稳定性和攻击能力。

截击球分为正手截击（常规截击、中场截击、近网截击）、反手截击和抽击截击。

（一）正手截击

1.握拍

正手截击最理想的握拍方式是大陆式握拍，其可以保证在网前击球时，无论是正手截击还是反手截击都不用变换握拍，从而节省了变换握拍的准备时间。另外，大陆式握拍会使食指和中指形成扣扳机状，便于球员对拍头有更多的控制。

2.准备动作

截击前应首先取好位置，其基本位置应该站在对手可能回球范围内的正中间。两腿开立略比肩宽，双膝明显弯曲，上体保持前倾，双手持拍在体前，拍头较高，肘关节前伸，身体重心落在双脚前脚掌上，注意观察并且预先判断对方来球。

3.引拍阶段

当判断对方来球需要用正手截击时，身体重心移向右脚，上体同时跟着向右侧转动，保持身体侧对来球，握拍的右手顺势向右、向后摆动，但动作要小，几乎不超过自己的身体（来球越快后摆越小），左手离开球拍（保持身体平衡），拍面打开，抬起左脚，眼睛紧盯来球。

4.击球阶段

左脚向右前跨步的同时，右臂前伸，挥拍迎击来球，拍头始终高于手腕，拍面对准来球，腋下夹紧，手腕固定，击球动作是从后上方向前下方运动，击球点在身体的右侧前方。动作简洁而有力，截出的球一般是下旋切击球。

5.随挥阶段

击球后的随球动作很小，一般不会超过身体的中轴线，击球结束后，拍面指向击球方向。

（二）反手截击

1.握拍

反手截击的握拍采用的是大陆式握拍或东方式反手握拍法。

2.准备动作

截击前，应首先取好位置，其基本位置应该站在对手可能回球范围内的正中间。两腿开立略比肩宽，双膝明显弯曲，上体保持前倾，双手持拍在体前，拍头较高，肘关节前伸，身体重心落在双脚前脚掌上，注意观察并且预先判断对方来球。

3.引拍阶段

当判断对方来球需要用反手截击时，身体重心移向左脚，上体同时跟着向左侧转动，保持身体侧对来球，左手扶住拍颈，向后上方引拍，至击球点的后上方，左腿是支撑腿，应保持弯曲并向前伸展。眼睛紧盯对方来球。

4.击球阶段

右脚向左前方跨步的同时，持拍手臂从后上方向前下方挥出迎击来球，同时左手向后上方运动（保持身体平衡），手腕固定，拍头高于手腕，稍用肩和前臂动作向下切球，击球点在身体的左侧前方。

5.挥阶段

击球后，重心前移，有一个很短的随击动作。

（三）抽击截击

随着现代网球技术的发展，并不是所有的截击球都没有充分的后摆和前挥动作。当对方的回击是一个中前场，且是又高又慢的"月亮球"时，就可以像打正手球一样，迎前大力击球。这就是抽击截击，其击球点在身前，高度在肩和腰之间，挥拍击球时，前脚要大跨步，同时不要忘了夹紧腋下，击球后拍子要大幅度地随挥出去，身体的重心明显前移。

二、高压球技术

高压球就是将对手挑过来的高球在头部上方用扣杀动作还击的一项技术。一般来说，打高压球就意味着得势和得分。在网球比赛中能够运用高压球得分的确能鼓舞人心，但高压球也是网球运动中最难掌握的技术之一。业余球员在网前经常会面临对手的挑高球，所以高压球技术对于中级以上的业余选手就显得至关重要。当然，对于专业运动员更是不可缺少的一项基本技术。

（一）高压球基本技术和原理

高压球的动作类似于发球，但引拍和挥拍击球的动作幅度没有那么大。高压球一般以平击为主，不必苛求施加旋转。但也有运动员在中后场用切球的方式，让球拍在击球的一瞬间以某个角度触球，使球产生强烈的侧旋，更大范围地调动对手。

1.握拍

高压球采用的是大陆式握拍。初学者可以用东方式正手握拍。

2.脚步

见到对手挑高球时，立即转身，同时右脚向后撤一大步，然后用小碎步或交叉步迅速调整位置，移动到来球的下方。

3.后摆球拍

退步的同时举起双手，非持拍手臂抬起，指向来球，确定球的飞行轨迹，同时持拍手臂肘部抬起。

4.挥拍击球

球自然下垂做出"挠背"动作，紧接着借助蹬地转体的协调力量，加速挥向来球，并在触球后有一个扣腕的动作（注意手腕的松弛度），非持拍一侧的手臂和肩膀伴随挥拍放下，眼睛在整个动作过程中始终盯住球。

5.随挥动作

击球后顺势将球拍收于持拍手异侧的腿侧。如果击球点很靠后或很偏，不适合正常发力，那么随挥动作有可能被强行的扣腕或旋腕动作所代替。这时不必勉强做常规的收拍动作，以免受伤。

（二）几种类型的高压球

根据对手挑过来的高球情况不同，例如弧度、深度、旋转等，可以打凌空高压或者落地高压。很多职业选手还喜欢跳起在空中打高压球。

1.落地高压球

在来球很高时，可以让球落地反弹后再寻找高点扣杀。由于这种球落地后的反弹轨迹几乎是直上直下的，所以应该迅速移动到球的后面，调整好站位，尽量在头的前上方击球。初学者可以先练习这种高压球技术。

2.凌空高压球

凌空高压球指的是不等来球落地，直接在空中就将球扣杀过去。这比打落地高压球难度大。因为，凌空球下落的速度比反弹起来再下落的球快很多，击球时机不容易把握，打早了或迟了都影响击球的效果。所以，除了要求准确的判断和熟练的步法以外，拉拍动作应该更加迅速及时，挥拍击球也应该更加果断。

3.跳起高压球

跳起后在空中高压要比前两种高压球难度更大。它的动作类似于羽毛球的跳起扣杀动作，一般以与持拍手同一侧的脚蹬地起跳，落地时异侧的脚先着地、缓冲，或者是双脚同时起跳，同时落地。前世界头号男子单打选手皮特·桑普拉斯（Pete Sampras）比较青睐这种高压技术。由于跳起高度对身体柔韧性的要求很高，所以并不建议初、中级选手采用。

三、放小球技术

放小球是一种战略需要，可以根据对手前后移动慢、网前技术差等特点，制造得分机会；同时也可以利用对手大角度跑出场外时，突然放小球，使对手跑位不及，从而轻松得分。掌握放小球后可以更加丰富自己的打法，采用多变战术，令对手捉摸不透，取得比赛的最后胜利。

（一）技术要点

放小球技术的引拍和正手底线击球引拍技术相同，只是在握拍上稍微改变成为东方式或大陆式握拍。在刚刚挥拍时通过转腕将拍面降下来。

在腰的高度左右击球，同时击球瞬间做一个小弧形的动作向前推球，击球前拍面高于球然后在击球时大力摩擦球以产生旋转。

在击球结束后，腕部尽量完成一个"S"球的动作，这能把球轻轻提起，球就能在过网后落到更浅的位置。

（二）技术特点

高质量地放小球通常是高过网 1~2 英尺（1 英尺=0.3048 米），并且带有强烈的下旋，让球弹地两三下也不会弹出发球区。对于职业运动员来讲，网前吊小球也不是很容易打出的，但若是我们可以多花些时间练习，那么在比赛时就会轻松用到放小球，并成为有效的进攻手段。

（三）练习方法

（1）在正反手底线练习过程中，突然放小球。
（2）用多球进行定点练习，固定动作后再进行跑动中放小球练习。

四、凌空球技术

凌空球是在网前截击中演变而成的一种击球方式，如果对手打出毫无威胁的球来到头部或者肩高度附近时，就可以使用凌空球，不给对方任何喘息的机会取得胜利。

（一）凌空球技术要领

眼睛盯住来球，提早作出判断；握拍方法和正手击球握拍方法相同。

击球时腋下用力夹紧，挥拍轨迹由下向上，击球点在身体前，用击落点球的要领挥拍击球。

击球时充分夹紧腋下，使挥拍稳定有力，击球后拍子要大幅度地随挥。

（二）凌空球技术特点

凌空球的技术特点是威力大、速度快、落点无法判断，比一般的截击更具有破坏力，无论双打还是单打，当对手打出高而浅的空中球时，就要果断地使用凌空球。

（三）易犯错误

（1）击球点在身体后，发不上力，击球没有威胁效果。

纠正方法：提早判断来球，利用挥拍制动方法检查来球是否正确。

（2）击球点位置掌握不好。

纠正方法：保证击球点是在头部、肩部附近的位置。

（3）下网偏多。

纠正方法：保证向前的挥拍轨迹。

五、挑高球技术

挑高球技术是把对方来球向空中挑起，使球越过对方网前队员，落入其后场，以赢得回位时间或直接得分的技术。这项技术多在对方上网，或自己在底线被动时采用。随着网球运动的日益发展，网球技术的不断提高，挑高球这项基本技术在网球技术中占有越来越重要的地位。现代网球比赛竞争的日趋激烈，尤其是双打比赛中的双上网发球抢攻战术的广泛应用，单打比赛中网前战术比例的增加，使得作为对付网前进攻有效武器之一的挑高球技术显得尤为重要。而且，现代挑高球技术已经由过去的简单的纯防守型发展成为进攻型，不仅可以变被动为主动，还可以直接得分。所以，挑高球不仅可用来防守，还可用来进攻。挑高球在当今被称为第三种超身球（打到场地一侧使对方够不着球），可直接得分，并且，它可以在全场任何地方挑出，所以挑高球具有进攻性。挑高球成功的关键是必须把球挑过对方的头顶，使对手无法高压。根据其性质挑高球可以分为防守性挑高球和进攻性挑高球两种。

（一）防守性挑高球技术要领

1.正手下旋挑高球

（1）准备姿势

两脚开立比肩宽，上身正对球网，膝关节稍弯曲，身体重心落在双脚前脚掌上，双手持拍在胸前，左手托住拍颈，右手握住拍柄，拍头指向球网，注意观察并且预先判断对方来球。

（2）引拍阶段

首先，采用正手握拍法，当球离开对方的球拍时，上身稍稍向右转体，同时自然地向后引拍，拍面打开，支撑腿（左腿）向前跨出。右手臂微微弯曲，眼睛紧盯来球。

（3）击球阶段

身体重心下移，膝关节弯曲度加大，同时球拍向下挥动，紧接着下肢用力蹬地，膝关节伸展转髋带动肩膀和手臂向前、向上挥拍，并保持击球点在身体的前面，拍面打开，在击球前右手手臂要充分伸展。

（4）随挥阶段

击球后，球拍顺着惯性向前上方挥出，重心前移，右脚跟上，重新做好击球的准备。

2.反手下旋挑高球

（1）准备姿势

两脚开立比肩宽，上身正对球网，膝关节稍稍弯曲，身体重心落在双脚前脚掌上，双手持拍在胸前，左手托住拍颈，右手握住拍柄，拍头指向球网，注意观察并且预先判断对方来球。

（2）引拍阶段

首先，采用反手握拍法，当球离开对方的球拍时，上身稍稍向左后方转体，转体的同时，自然地向后引拍，拍面打开，支撑腿（右腿）向前跨出。右肩胛骨对准球网，右手手臂微微弯曲，眼睛紧盯来球。

（3）击球阶段

身体重心下移，膝关节弯曲度加大，同时球拍向下挥拍，紧接着下肢用力蹬地，膝关节伸展转髋带动肩膀和手臂再向前、向上挥拍，并保持击球点在身体的前面。拍面打开，在击球前右手臂要伸展，左手臂向后做较短的反向动作，以保持身体的平衡。

（4）随挥阶段

击球后，球拍顺着惯性向前上方充分挥出，重心前移，右脚跟上，重新做好击球的准备。

（二）进攻性挑高球技术要领

1.准备姿势

两脚开立比肩宽，上身正对球网，膝关节保持稍稍弯曲，身体重心落在双脚前脚掌上，双手持拍在胸前，左手托住拍颈，右手握住拍柄，拍头指向球网，注意观察并且预先判断对方来球。

2.引拍阶段

当球离开对方的球拍时，右腿侧跨较大一步，上体充分向右、向后转体。同时顺势向后引拍，并保持放松。左手离开球拍，并保持在身体前面。支撑腿（右腿）承受大部分的身体重量，眼睛紧盯来球。

3.击球阶段

拍头大幅度降低，大大低于预期的击球点的高度；下肢用力蹬地伸展，上体向前转体，并稍稍后仰，迅速地从后下方向前上方击球点挥拍。挥拍一定要快，击球点保持在身体的右侧前方，有强烈的向前、向上提拉的感觉。

4.随挥阶段

击球后，球拍急速向前、向上挥出，此动作结束在左肩膀的上方，左手扶拍，然后迅速转换成准备姿势。

第四章 网球运动的基本战术教学

第一节 单打战术

一、发球战术

网球运动中最有攻击性的技术，或者说战术，就是发球。因为这项技术不受对方的任何影响，发球是比赛的开始，也是组织战术的起点，比赛一开始就把发球纳入战术组成的一部分，这一回合中你就拥有了主动权。

发球击球时的种类不同，其所取位置及瞄准的目标就会有相应的变化，单打发球站位的最基本的前提是：底线后中线附近。网球规则规定，发球队员可以站在端线以外，边线与中心线的延长线的区域内，任何一点其认为有利于自己发球的位置上发球。单打比赛，之所以取位于离中心线附近，是因为整个场地需要一个人来防守，无论对方将球接回到本方的哪个区域，在中心线上起步去追球的相对距离都是最合理的。下面就根据发球的不同性质来介绍一下发球的战术。

（一）各种发球的战术

1.发平击球

动作要领：抛球的位置和击球点都在右肩膀的右前上方，双腿用力蹬地，让身体充分伸展，腰腹先发力来带动整个手臂，使手臂产生鞭打动作，最后用手腕的力量在最高点压扣压的动作将球击出。为了能达到平击的效果，手臂挥动时，一定要有手臂内旋的动作。

（1）平分区发球（右半区）

站在中心线附近，发球的目标是右区内中线附近。从这个位置上发球，球飞行距离最短，球可以从球网最低处通过，可保证较高的发球成功率。且球过网后会飞向对方的反手方向，给对方接发球带来麻烦。

（2）占先区发球（左半区）

站在于中线附近，发球的目标是左发球区内中线附近。和平分区一样，发出的球可以从球网最低处的位置上通过，此时球虽然是发到对手的正手，但是从中心线方向接回的球很难打出角度，发这种球有利于自己防守。

2.发切削球

动作要领：球抛的位置及击球点比平击发球都稍偏右一点，击球时像是从球的右侧向左沿水平轴横切球一样，使之产生旋转。

（1）平分区发球（右半区）

站在中心线向右一步的位置上，发球的目标是边线的内侧场地内。这样的发球落地弹起后则飞向场外，把对手调离场地去接发球，使场地里存在大的空当，给自己创造进攻的机会。

（2）占先区发球（左半区）

同样是站在中线的位置，向发球区边线内侧的场地内发球。球弹起后向左飞，给对方接发球造成困难。

3.发上旋球

动作要领：抛球在头顶正中的位置，击球从后下方向前上方刷球的过程，使球产生明显的上旋。

（1）平分区发球（右半区）

站在中心线附近，球发向对方发球区的内角，上旋发球落地后弹跳比较高，对于接发球的人来说，在反手位接超过肩部的球，难度相当大。这样回球质量就不会很高，给发球方进攻创造了机会。

（2）占先区发球（左半区）

站在从中心线向边线跨一步的位置上，发球目标是对方发球区的外角。球弹起后，直逼对手的外侧，而且发球有角度，可迫使对方追出场外去接球。

（二）发球战术应遵循的基本原则

1.攻击对手的反手侧

一般的球员都存在着反手球技术较差，容易出现失误的弱点。如果将球发向对手的反手位，对手接回来的球一般攻击性较弱，这就为下一拍进攻创造了条件，从而争取主动最终取得这一分。发球时如果把球发向对手的正手侧，遭受攻击的概率就会大大增加。

2.球发向对方的边角处

对方在接飞向己方边角的球时，必须向边线方向快速移动且可能跑出场外，此时对方场区就会出现很大的空当，从而为进攻创造了有利的条件。

3.把球发深

发深球会迫使对手移动到端线以外去接球，因此接回的球不太可能有很强的攻击性。

4.发追身球

接发球中，追身球是很难回击的一种球。因为球是直冲人的身体而来，回球时一时难以决定用正手接还是反手接，这么一丝的犹豫就容易造成失误。

5.发旋转球

发旋转球是发球上网型选手惯用的手段。同时，这种球落地反弹较高，常常超过人的肩膀，给接发球造成了很大的困难，使其很难回出攻击性很强的球，甚至接发球失误。

二、接发球战术

接发球和发球一样重要，因为如果你不能破发就很难赢得比赛，而接发球是破发的基石。现代网球比赛中，发球、接发球的得分总和占一场比赛得分总和的 40% 还要多。好的接发球可以在一定程度上遏制对手的进攻，打破对手发球战术的计划安排，从而减少自己的压力。要想接好发球必须做到以下几点：准确的预判、合理的步法、正确的击球手法等。当然，对于初学者要求很快做到这几点是很不现实的，但初学者必须清楚，这是努力的方向，这是在对方发球局争取主动的基础。下面就根据对方不同的发球介绍接发球的有关技巧。

（一）各种类型发球的接法

1.平击球的接法

（1）站位

如果判断对方的发球是平击发球时，一般应站在底线稍后 1~2 米、水平靠近单打边线约一步的位置上。这种站位无论对方的球发到反手还是正手，都可以从容应对。

（2）对策

当对方的球速很快时，引拍动作应该短小，及时地将拍面对准来球，借力将球顶回对方的场地，甚至可以不必挥拍，只将拍面对准来球即可。这时很难考虑和做到把球回到哪个区域，只注意争取把球打得越深越好。

2.切削球的接法

（1）站位

切削发球落地后，不仅有向前的冲力，而且带有强烈的右侧旋，因此接这种发球，在平分区时站位应尽量向边线靠近；在占先区时，可稍稍向中线靠近一些。

（2）对策

当对方的切削球的侧旋很强烈时，接这种球就应及早向前踏步迎截，抢在球的方向改变之前击球，并且尽可能打深的对角线球，这样可以赢得时间，即使这时自己已经跑出场外也会有时间回到底线中间，准备下一次击球。

3.上旋球的接法

（1）站位

上旋发球，会使球落地后明显带有强烈的向上的旋转，甚至会弹到肩部的位置，给接发球带来困难。所以在平分区接这种球时，可稍稍靠中间一些取位；在占先区时，可靠近边线站位。另外，如果你接发球的技术较好，可以站在场内打球的上升点，接发球抢攻。

（2）对策

当对方的上旋发球落地弹跳得又高又远时，因为击球点越高回球越困难，因此回击这种球时应尽可能向前，在球没弹起之前将球击回。如果错过了这个前点，也可以在球下落的时候击打。另外，上旋球可以用切削来对付，这样有时可以收到意想不到的效果。

（二）针对对手的打法而采取的接法

为了给自己得分创造机会，在接发球的时候，就应该根据对手的打法类型，制定自己的战术，进而一步一步实现自己的目标。

1.针对底线型打法的发球者的接发球战术

（1）平击球的接法

对于速度较快的平击发球，可站在稍稍靠后的位置上接发球，这样做比较安全。接球时，首先考虑的是将球回到发球方底线附近较深的位置，而不是再想加力打出更快的大力球。沉着冷静地打深球应作为首选的回击方式。

（2）切削球的接法

对落地侧旋的发球，取位的方法是：在平分区时站位应尽量向边线靠近；在占先区时，可稍稍向中线靠近一些。接拐向边线方向的切削侧旋球，最理想的回球路线是打向对方的对角线。因为自己接球时可能是在场地外来击打这个球，所以打对角线可以为自己回位争取时间。

（3）上旋球的接法

对于落地弹跳得又高又远的上旋球，如果不能及时在球弹起前回击过去，那么被对手攻击的可能性就较大。

接上旋球的对策是稍稍在底线靠前的位置上，注意在球弹起之前跨步上前击球。考虑到发球一方不是网前打法，等球下落时击球也可以，但是必须记住自己不能主动失误，且应首选把球打深。为了克制对方的上旋，可以采用下旋切球回击对方的发球，给对方的回球造成困难。

2.针对上网型打法的发球者的接发球战术

（1）平击球的接法

利用对方的球速将球打到其脚下是接这种球的上策。这种回球会给自己创造很多有利的机会。如果沉着应付下一拍，很快就会得分。

（2）切削球的接法

接向边线拐弯的切削发球，通常比预想的还要靠外。这时，为了能争取时间回位，回对角线球是关键，如果能打出深的斜线球就为打穿越球创造了条件。

（3）上旋球的接法

上旋发球的选手，采用发球上网的较多，因为球在空中飞行的时间较长，发球者有充足的时间移动到网前，这时为了压制对手上网，应该抢先击打球的上升点，并把球打向对手的脚下。

（三）接发球战术的基本原则

1.首先要保证把球安全地击到对方的场地内，不要想一拍直接得分。

2.力求将球回击到对方的弱侧。

3.主动变换接发球的方式。

4.根据自己的能力，尽可能改变接发球的速度和旋转。

5.根据发球方的站位变换自己的接发球位置。

6.如果发球方采用大力的平击发球，接发球最好用挡球式接发球。球落地后主动向前迎击来球，而不是撞击。用一个正确的转髋和转肩动作向后引拍，动作要小。

7.接力量小、速度慢的发球，可以用快速击球或削球后上网进攻。

8.接有角度的发球时要提前准备，朝球的飞行方向提前斜线移动，并回击斜线球，留在后场，及时回位。

三、底线型打法

底线型打法是指以底线正、反手击球为基础组织的战术。它的指导思想必须是用速度、旋转、落点的变化来创造进攻机会。底线型打法的主要战术有：对攻、拉攻、侧身攻、紧逼攻和防反攻。

（一）底线型打法的主要战术

1.对攻战术

底线型打法的两面攻战术是利用底线正、反拍抽击球所具有的强大的连续进攻能力，配合速度和落点变化与对方展开阵地战，力争首先调动对手，进而争取主动，达到攻击和控制的目的。

（1）以正、反拍抽击球的速度、力量攻击对手的弱点，用速度压制对手。

（2）用正、反拍强有力的抽击球，连续打向对方的弱点，压制对方。

（3）用正、反拍的有力击球调动对方大角度跑动，从而寻找机会进攻得分。

（4）底线两个角度调动对手，接着突然连续打重复落点，再寻找机会变线。

2.拉攻战术

拉攻战术是底线型打法中比较普遍的一种战术。它是以底线正、反手拉上旋球，或正手拉上旋、反手切削球，迫使对方左右移动，从而寻找空当，给予致命一击的一种战术打法。

（1）正、反手拉强力上旋至对方底线两边大角深处，不给对方上网及底线起拍反击的机会，寻找时机进行突击。

（2）正、反手拉上旋球时，加拉正、反手小斜线，使对方增加跑动距离并出现低质量的回球，然后伺机进攻。

（3）逼近对方反手深区，伺机突然正手。

3.侧身攻战术

侧身攻战术是底线型打法的一项主要进攻手段。它利用强有力的正拍抽击球，配合良好的判断和步法移动，在三分之二的场地上用正拍对对方施加有力的攻击。

（1）连续用正拍对对手进攻，创造得分机会。

（2）用正拍进攻，调动对方移动，反手控制落点，伺机用正手突击进攻。

（3）全场逼攻对手的反手位，压制住对手，再突击边线正拍。

（4）用正拍进行攻击时，连续打出重复落点。

4.紧逼战术

底线型打法的紧逼战术是以其快节奏对对方进行攻击的一种重要手段，也是当今世界上优秀选手常用的一种进攻战术。

（1）从接发球时就紧逼向前进攻，给对手发球造成一定的心理压力。

（2）连续逼攻对手的反手位，突击正拍，伺机上网。

（3）紧逼对手底线两个角，使其被动或回球失误，并伺机上网。

5.防守反击战术

防守反击战术在底线型打法中占有很重要的位置，在执行防守反击战术时，利用良好的底线控制球的能力，发挥判断准、反应快、步法灵、体力好、击球准确的特点，来调动对方，以达到在防守中寻找机会进行反击的目的。

（1）比赛中，当对手采用底线紧逼进攻战术时，可采用底线正、反手上旋球至对方两个底角深处，不给对手进攻的机会，然后伺机反攻。

（2）在对手采用发上战术时，接发球可采用迎上借力击球，把球打到对方脚下或两边小角度，然后准备下一拍的反击得分。

（3）在对方运用随球上网战术时，这一拍应加快击球的节奏，首选对方空当，如果打空当有难度，应把球打向对手的身体，使对手截不出质量高的球，为下一拍穿越创造机会，进而反击得分。

（二）针对不同类型选手的战术

1.针对底线型选手的战术

因为对方也是底线型选手，所以面对和自己一样打法的选手，比赛过程中不要企图一拍得分，而是应该考虑在相持过程中去寻找进攻的机会，并逐步扩大优势最终得分。这就要先于对手找到突破口。现代网球新理念并不是拍数越多越好，而是在尽可能少的拍数中获取这一分。"三球攻击法"就是个不错的选择。

所谓"三球攻击法"，是指底线选手在比赛处于相持的过程中，用三次击球组成的战术。利用自己擅长的击球方式，使其组合在一起形成自己的攻击模式。比赛过程中，要善于观察对手，使用哪种攻击模式，可根据具体的实际情况灵活运用。"三球攻击法"约有以下几种。

（1）重复落点战术

比赛相持过程中，当你把对方调动到一侧时，其场地的另一侧必然会出现空当。此时，对方击球完成后，会迅速地跑回中点处，保护空当。这时，可以趁其向中心处返回时，打一个重复落点，把球打向对方的身后。这种战术的前提是，应用此种战术时，对方场地有明显的空当，而且你又有很好的击球机会。

（2）N攻击战术

要不断地让对手从场地的一端跑向另一端追赶着击球，最终迫使对手击球失误。底线两点尽量打深，效果会更好。

方法：①将对方来球打向压底的直线球；②对方返回一大对角线球；③再将来球打出一个压底的直线球。

（3）X 攻击战术

仍然是让对手从场地的一端跑向另一端追赶着击球，但这次的回球不是直线，而是大角度的斜线。

方法：①将对方的来球打向大对角；②对方返回直线球；③再把这个直线球向对角线打去。

（4）V 攻击战术

调动对手底线两端来回奔跑。即使对手仍能将球击回，其也是处于向边线跑动中，下一个球将是自己的进攻机会。

方法：①将对手的来球以直线打回；②对方打回一个直线球；③再把这个返回来的球打向对角空当。

2.针对网前型选手

对付上网型选手应遵循的原则：

（1）让对手截击

当对手冲到网前时，首先不要慌张，可以先让他打一拍，前提是在己方没有好的打穿越球的机会且这一拍不要打出刚好适合于对手截击的球，避免让对手第一拍截击就得分。应有意识地打出一个让对手截击感到别扭的球，给对方一定的压力，从而在下一拍中寻找机会。

（2）给对手打截击制造困难，创造得分机会

当对手第一拍截击后，接下来可以朝对手的脚下、反手侧等薄弱环节攻击。这样一来，对手截击就会出现困难，不得不打低位截击或反弹球，这样很容易引发失误。如果对手截出浅而高的球，这时可以移动到位，打高压球，拿到这一分。

（3）当对方上网截击时，底线可以放过顶高球

当对手积极地使用上网截击的打法时，对付其有效手段之一就是放过顶高球。由于过顶高球使对手上网有所顾忌，这样即使对手采用上网截击战术，也不会那么随心所欲。表面上看，放高球好像是防守技术，实际上运用得当，也是一种不错的进攻手段。

（4）加快击球节奏，尝试穿越

当看到对手上网时，有意识地加快击球的节奏，不让对手在上网过程中用充足的时间选择截击的方式，使其第一截击质量下降，再寻找机会，进行穿越。

（5）压制对手，使其不能从容上网

如果对手是上网型选手，应持续不断地打出很深的球，把对手死死地压制在底线，使其找不到上网截击的机会，对手就容易产生烦躁情绪，从而出现击球失误。即使对手强行上网，因为没有好的机会，也不可能打出高质量的截击球。这样自己就更容易打出穿越球。

（6）创造机会抢先上网

底线型选手虽然不擅长网前截击，可底线技术往往会优于对手，可以用底线技术把对手压制在底线，打出高质量的底线球，偶尔抢先于对手上网，出其不意打上网截击，可能会收到意想不到的效果。

另外，穿越球是对付网前选手行之有效的方法。在单打比赛中，打穿越球是必不可少的技、战术。一般而言，打穿越球是指一种速度很快的穿透截击队员的防守区域并能直接得分的技、战术。现在，打越过对方头顶的高球也被称为一种有效的穿越球，这种球未必得分，但可以使对方陷入被动甚至失误。

打穿越球的关键是不让对手轻易猜出自己的意图和球路。

（1）正手斜线穿越

切削上网一般封堵的路线是直线，这时正手打出大角度的斜线球，破网的概率很大。如果能打出小斜线下沉的球会更好。

（2）反手削高球

削高球是攻、守中均可以使用的技术。如果削高球削得又高又深，而且打向对手的反手侧，即使对方将球接回来，回球也不可能有很高的质量，那么就为自己下一拍打穿越球创造了机会。

（3）反手直线

打这种球一定要侧身充分，引拍动作隐蔽，切削和抽击动作得几乎一样，使对方猜不透你的意图和球路，这样才能收到应有的效果。

3.针对平击球选手的战术

平击类型的击球，由于几乎没有旋转，球一般是擦网而过，直线飞行，落地之后，反弹很低，快速向前冲，因此接这种球非常不容易。接这种球一是要把握好拍面，二是要多带一些上旋。由于平击球球速较快，千万注意避免挥拍过迟，一般不要大幅度地挥拍。具体对策如下：

（1）相持阶段，拖住对手

遇到平击打法的对手时，首先要能连续接起对方的球。由于下平击球大多数是从网上大约 3C 厘米处通过，且球速很快，所以稍有一点疏忽就会导致失误。因此，关键是要比对手更有韧性。

（2）打大角度的斜线球是一种有效的攻击手段

如果对手是平击选手，回平击球一般回对角线比较好。如果能迫使对手到场外去追球，则可以引发对方的失误或为自己创造进攻的机会。

4.针对削球型选手的战术

对手来球是削球时，一般情况下以削球对付较为稳妥。因为来的削球很低，必须在低处击球，想打出有威力的上旋球较困难。对付削球要求以较低的身体姿势和较强的韧劲来进行击球。削球多数是在两种情况下使用：一是当身体姿势被破坏，为了使姿势恢复平衡打过渡球时；二是在处理前场低浅球时使用。对策是攻击对手的反手。

对方如为削球型选手时，由于削球比平时击球的速度慢，因此无论将球回到哪个区域对方一般都有足够的时间应对。对付削球的原则就是将球打向大多数人都感到棘手的反手侧位。然后寻找机会，坚决以正手抽球进行进攻，争取主动，直至得分。

5.针对上旋球类型选手的战术

上旋球的飞行路线是弧形的，一般情况下很少下网，也很少出界，是一种准确性较高的击球，且可以用调节挥臂、增加或减少球的旋转度的方法打出不同线路、不同旋转的上旋球，使球落地后弹得又高又远，故上旋球可以称得上是最有效的一种击球手段，被专业选手和广大网球爱好者广泛采用。然而，上旋球也并非无懈可击，对策如下：

（1）调动对手寻找突破

上旋球类型的选手，为了加大球的旋转度，必须做到有充分的挥拍动作，使用全身的力量击球。正因为如此，如果能把他调动起来，使其在跑动中击球，迫使其不能完全到位，那么他就打不出有威胁的攻击球。即只要能让对手左右不停地奔跑，迟早会找到突破口。

（2）迫使其改变打法

一般来说，大多数旋转打法的选手，因其握拍方法的关系而不擅长截击球。因此，如果碰到此类选手，可以尝试打近网低球，把对手调动到网前，让他打不出擅长的上旋。抑制住对手的强项，就等于占了上风。

（3）迎前上网

在底线相持的过程中，当对手掌握着主动权而频频向自己反手一侧攻击时，当对手得分领先而自己处于被动的状况时，当对手的来球轨迹稍高时，都应该果断地迎上去截击这个球，然后尽快争取主动。这种局势下，只有善于抓住网前机会，才有可能夺回主动权。

四、网前战术

在比赛的过程中，为了提高能力，在必要的时候，要主动上网击球，采取上网打法。

（一）网前截击战术理论

网前战术中的截击球，其基本站位应该是取位于对手可能回球的范围之内的正中间。首先根据自己的进攻路线和球的深度，来预测对手返回来球的可能范围，然后朝着这个范围的正中央移动取位。为了能做到正确取位，最重要的是确认自己所击出的球应落在对方场中的位置，接着是看清楚对手的跑动位置和击球姿势，并由此来预测对方回球的情况来决定自己的取位。

1.截击前的一拍球，攻击性明确

截击前的那一拍球是否具有攻击性，攻击的是否是对手的弱点，能否破坏对方身体的姿势平衡，是截击是否成功的关键。

如果这一拍攻击能按自己的战术意图实施攻击，那么就会对对手的回球有个正确的预判，移动上网就有了方向性。比如：上网前这一拍打向对手的反手侧或把球打深，使对手打不出高质量的回球，就为下一拍的截击打下了成功的基础，所以截击的前一拍球的攻击性是截击是否成功的关键。

2.迅速贴近网，缩小防守范围

一般情况下，如果上网及时快速，那么对手可能回球的范围会变窄；相反，底线相持时，对方可能回球的范围对自己防守范围来说就会变宽。即截击时，越靠近球网，对对手的压迫就会越大。所以，网前战术强调要尽可能地靠近球网，一是因为截击时封网的角度小，使截击的攻击性增强且成功率高；二是加快了比赛的节奏，不给对方喘息的机会，造成其失误。

3.截击取位时应靠近有球的一侧

随球上网应是朝着自己击球的方向跑进，然后在对方可能回球的范围的正中间做一个垫步，两脚分开，身体重心落在两脚之间，成准备姿势（拍子尽量前伸），随时准备出拍截击。此时，虽然站到了基本位置上，但如果对手向一边移动，自己也一定要相应地随着变化，向对手所移的方向移动。也就是说，此时所取的基本位置，不一定就是最后的截击位置，还要根据场上的具体情况、对手的打法和习惯等，在预判的基础上，再从自己所在的基本位置上移动到最佳位置上去截击。

（二）发球上网战术

1.战术安排

发球上网是上网型打法者利用发球的力量、旋转、角度进行主动进攻，先发制人，然后上网抢攻的一项主要战术，是上网型打法者在比赛中的主要得分手段。战术思想是：通过发球给对手压迫或把对手调动起来，使对手回球质量下降，在对手回球质量不高的情况下，积极上网进行截击，因此要想使发球和截击有效地组合在一起成功得分，首先要控制好发球。具体战术安排如下：

（1）右区发球用第一发球的力量，平击或强力的上旋，目标是对方右区的内角，然后上网，冲至发球线中线，判断来球，截击至对方底线正、反手深区，在随中场截击靠近球网，准备近网截击得分。

（2）右区发球用第一发球的力量，发切削的侧旋球，目标是对方发球区右区外角，然后上网、冲至发球中线偏左，封住对手的正手的直线球，将球截至对方反手空当区域，如图4-1所示。

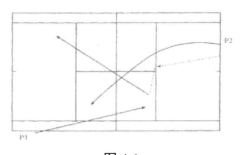

图 4-1

（3）左区发球用第一发球力量发上旋球，目标是对方发球区左区外角，然后上网，接着冲至发球线偏右，主要封对方反手直线球，将球截至对方正手区域，如图4-2所示。

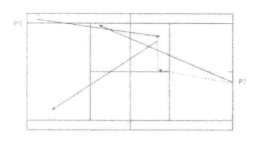

图 4-2

（4）左区采用平击发球或切削的侧旋发球，把球发在对方的左区内角，然后上网到中场处，判断来球，截击至对方正、反手底线深区，然后再随球跟进，准备近网截击拿下这一分，如图 4-3 所示。

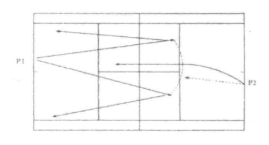

图 4-3

2.发球上网战术应注意的事项

（1）发球上网的发球，重心要主动上升且击球点要稍靠前，这样便于重心前移和迅速上网。

（2）上网时机。当发强力上旋和外角侧旋球时都是上网的好时机。

（3）上网的位置。网前的合理取位对截击是否成功起到举足轻重的作用。位置选择恰当可形成压顶之势，位置选择不当反而会使自己陷于被动。网前位置的选择应根据个人掌握网前球技术的情况，对手可能回球的范围以及对手回球的角度、高度等因素来确定，一般情况下，应在网前 2~3 米的距离为宜。并且要边上网边判断对手的回球，在对手挥拍击球的瞬间要有一个急停，即做"跨垫步"并判断，马上再次启动向前并占据有利位置。

（4）第一发球命中率要高，达到 70%以上，这样才能发挥出发球的威力，为上网创造条件。

（5）发球的落点、旋转要有变化，以便破坏对方接发球的节奏。

（6）中场第一截击的质量要高，并要有一定的深度。

（三）接发球上网

接发球上网必须确立积极主动的思想，采取抢先进入场内，接发球上网型打法应积极利用快速多变的各种手段来接发球，尤其是接对方的第二发球，抢攻上网或推切上网，以便充分发挥自己上网型打法的特点。接发球上网主要有以下几种方法。

1.接右区（平分区）二发上网战术

接右区外角二发时，可用正手抽击或推切球，回击直线上网，如图4-4所示。

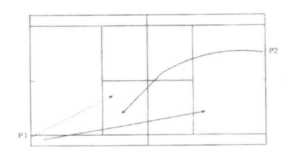

图4-4

当对手把右区二发，发在内角时，可用反拍抽击或推切回击直线球，打对方的反手上网，如图4-5所示。

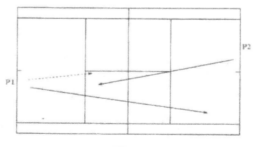

图4-5

2.接左区（占先区）二发上网战术

接左区外角二发时，根据对方技术情况，利用反手抽击或推切球，回击对方的弱点上网，一般以打直线上网为佳，一是距离短，对方准备时间仓促；二是上网后容易封住对方回球角度，如图4-6所示。

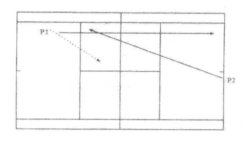

图 4-6

如果此时对方二发的质量不高，可以提前侧身攻，回击对方的斜线或直线上网，如图 4-7 所示。

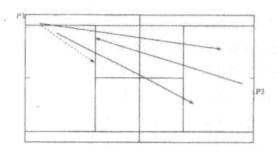

图 4-7

3.接对手左区内角二发战术

接对手左区内角二发时，可用正手抽击或推切球方式，回击对方左右两点上网，但球要尽量打深，如图 4-8 所示。

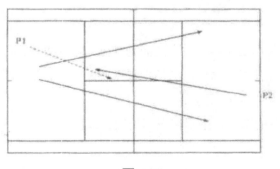

图 4-8

4.用削球接发球后上网战术

用削球接发球然后上网时,应先用反手打一个落点较深的前进直线球,调动对方后,上网抢攻,然后将对方的回球截击到另一侧空当处。要使这一战术成功,重要的不是用快削来接发球,而是尽量将回球打深,并取得截击的恰当位置。

(四)随球上网战术

随球上网战术是利用双方在底线对攻相持时或对方接发球时,出现质量不高的中场球(在发球线附近的球),果断地用正、反手抽击或削球,然后随球上网的一种战术,也是比赛中的主要得分手段。

对于不太喜欢发球上网截击且底线能力较强的选手而言,底线相持,当出现机会后随球冲跑上网然后进行截击也是一种比较好的战术。打这种球的关键是,上网之前这一拍一定要对对手有一定的压迫性,或是打大角度,使对手移动救球破坏其身体平衡,这样就为截击创造了机会。所以,随球上网应该注意以下几点:

1.随球上网要果断,步法启动快,采取迎上高点击球。

2.随击球的成功率要高,质量要好,这样才能有利网前的进攻得分。

3.随击球的打法要善于不断变化,如平击、上旋、下旋、推切等要交替使用,用以破坏对手的击球节奏。

4.应根据随击球的斜线或直线落点,人随球动,迅速贴近网前封网。

五、综合性打法战术

综合性打法是以基本功扎实,技术全面为基础,可根据不同的对手和不同的技、战术掌握情况,场地特点与战术需要,灵活地采用各种战术打法。综合性打法攻守平衡,符合积极、主动、灵活的战术原则。

1.对付发球上网型的选手,采用接发球抢攻;或接发球打上网队员的脚下,再准备第二拍破网。

2.对付随球上网型的选手,采用底线打深球战术,不给对手上网的机会,把其压制在底线。如果对方随球上网了,就采用两边不同节奏的击球破网或拉上旋过顶高球破网。

3.对付底线上旋球的打法者，可采用发球上网或随球上网的战术，以及用正、反手对拉，以及反手的切削来控制落点的战术，寻求进攻机会。

4.对付底线较稳健型的打法者，采用发球上网或随球上网及底线紧逼战术，以打乱对方节奏。

5.对付接发球上网型选手，要提高一发命中率，变换发球落点，以控制场上主动权。

第二节　双打战术科学训练

一、双打战术概述

双打是网球运动中的一个重要项目。例如，在奥运会的四个比赛项目中，双打就占了两项，即男子双打和女子双打。在亚运会比赛的七个项目中，双打占了三项（男、女双打及混合双打）。在男、女团体赛中的第三场也都是双打，在双方势均力敌时，双打的胜负往往会对全局的成败起着决定性的作用。因此，练好双打也是非常重要的。

双打比赛是在发挥个人单打技术的基础上，互相配合进行的。但网球双打与单打战术特点截然不同，双打的特点是网前的争夺战，谁控制了网前的制高点谁就有更多的进攻得分机会。同时，双打对技术及各方面的要求也很高，例如发球、接发球的水平；场上的反应判断能力；网前处理球的能力；进攻及防守反击的能力；等等。这些技术及各方面的能力需在平时加以训练和培养。

（一）双打比赛的益处

1.双打比赛对青少年的益处

双打比赛对培养青少年选手有以下益处：

（1）提高运动员全面的打法。

（2）给予运动员打网前球的信心，因为每人只防守半个场地。

（3）鼓励运动员采用进攻型打法，尤其是发球上网截击。

（4）给运动员提供了施展比单打比赛时角度更大的打法的机会。

（5）提高运动员稳定而准确的接发球能力。

（6）提高运动员快速反应的能力。

（7）鼓励配合默契和相互呼应，它迫使运动员相互合作。

2.双打比赛对职业选手的益处

双打比赛对职业选手有以下益处：

（1）在团体比赛中（戴维斯杯），双打往往是决定胜负的比赛。

（2）提供额外的练习时间和额外的奖金。

（3）双打排名高可以省钱，因为，参加双打正选赛的选手即使未能取得参加单打比赛的资格，也能享受比赛期间的免费接待。

（4）双打比赛中获胜（如战胜排名高的单打选手）可使运动员在单打比赛中有惊人的突破，增加信心。

（二）双打的配对

选择双打的配对是一个重要的决定。组成一对好的双打组合，除了技战术应相互补充之外，更重要的是每个选手都是另一名选手在场上的个性的补充，因为两个选手之间应该感情融洽。当挑选一对双打选手时，两个选手之间应相互了解，尤其是他们在压力下比赛时所表现的反应类型和行为方式。

成功的双打配对常常是由个性截然不同，但又相互补充的选手组成，这种个性的差别常常是配对的长处，而非短处。应该给予时间让他们相互了解并讨论每个选手在处于压力的情况下如何作出反应。出现这种情况时，重要的是每个选手应相互支持，稳定情绪，明确方向。

鉴于上述理由，可能有必要与不同风格的同伴试验搭配（风格不同、个性不同等），以便力求确定何种类型的选手能做你的最佳搭档。

确定配对时，在比赛中，应遵循以下几点：

1.如果己方有一名实力强的选手，通常应打反手一侧，因为一般在这一侧能得更多的局分。

2.如果己方有一名左手握拍选手，通常应打左侧，两名选手的反手比正手都好的情形除外。

3.如果己方有一名擅长打右场或左场的选手，应打擅长的一侧。

（三）双打战术的发展趋势

随着网球技术的不断提高，现代网球双打战术正朝着更加积极快速进攻的方向发展。其特点是"以攻为主、快速灵活、积极抢网、默契配合、战术多变、狠巧结合"。具体表现在以下几方面：

1.发球局坚决运用双上网抢攻战术

（1）目前，世界高水平的双打发球局战术无论第一发球还是第二发球时，都毫不犹豫地运用双上网抢攻战术，即使在女子双打和混合双打比赛中也不例外。发球员不上网或上网稍慢就可能被接发球者抢攻而处于被动。失去网前的优势则是双打失利的预兆。

（2）为了保证发球局网前抢攻的优势，发球员掌握好发球技术是至关重要的。双打比赛中对发球有特殊的要求，它的攻击力不仅表现在力量上，在落点与旋转的变化上，只要与同伴配合默契，同样可以达到主动得分的目的。双上网抢攻要求第一次发球的命中率较高（一般在 80%左右），第二次发球为了保证上网进攻，在力量不减的情况下，增加旋转和更准确的落点，可以为上网抢攻创造有利的条件。

（3）发球局网前逼抢得凶：强有力的发球配合网前截击，很少丢失发球局。这是高水平双打的重要标志，即使在抢七的短盘决胜局中，发球分也不能轻易丢失，以保证优势地位。

2.接发球局的战术新特点

（1）接发球局的抢攻意识明显提高

过去双打接发球局两人站在底线严密防守期待对方在网前失误而取胜的时代已一去不复返了。不给予发球方强有力的反击并创造条件上网进攻是很难打破对方的发球局的，即使你的发球局都能取胜，不抢破对方的发球局也无法取得比赛的胜利。我们要求的攻守兼备或能攻善守在双打战术上的体现，就是发球局与接发球局的相对平衡，接发球局太弱，缺乏反攻意识和能力则无法达到高水平。

（2）接发球局战术新特点

①接发球站位与打法：为了破坏发球方的双上网抢攻战术，缩短回球时间，双打接发球站位比单打更向前些，接第二发球则更有抢攻紧逼的势头，接法轻重结合，打法与落点变化多，动作隐蔽，使对方很难判断。多变的接法与同伴默契的配合，具有强烈的反攻能力。

②接发球同伴抢网凶狠：接发球的同伴站在接球员的另一侧的发球线附近。一旦接发球得手造成对方被动，同伴就抢网进攻，变被动为主动，破坏发球方的上网进攻节奏。过去发球方网前队员在背后用手势给发球员传达抢网意图的暗号已发展到接发球员同伴在中场也同样暗示给接球员，以达到配合抢攻的目的，使发球方产生心理上的压力。双上网抢攻战术从发球局发展到接发球局，是现代高水平双打战术的显著变化。

③接发球抢攻奏效可迫使发球方被动，抓住战机抢占网前有利的进攻点反扑，虽然与发球方有远近网之分，但快速的网前截击的质量和落点决定着网前的优势，处理得当完全可以突破对方的发球局。

3.双打网前的争夺愈加激烈

双上网，两人并肩保护场地的宽度比单打窄三分之一还多。两人一旦占据有利的进攻位置，创造出进攻的条件，就可以争取时间和空间在近网大角度扣杀截击得分。可以这样说：谁抢占了网前的有利位置，谁就能控制场上的主动权。怎样才能创造上网进攻的条件就成为大家最关注的问题，于是发球—接发球、截击球—破网技术、高压球—挑高球等相互对抗和相关技术成为了双打战术的基础。不具备这些精湛技术和娴熟默契的配合能力，双打网前战术也就是一句空话。它与单打战术相比，除了发球与接发球的特点有所不同之外，底线正反拍抽击技术的使用率和重要性减少了，取而代之的是网前技术（包括中近场截击、反弹球、高压球）和破网反击技术（包括破网和挑高球）。

4.高难技术在双打战术中起着决定性的作用

由于双打双上网抢攻，有时4人在网前短兵相接，击球节奏比单打快，在击球的应变能力和难度上都比单打要求更高。双打的场区加宽，击球的角度加大，在场区外回击球的机会增多。诸如准确的大力旋转发球、为应对对方抢网的变化多端的接发球、快速的网前截击、强上旋破网和挑高球、中场的低截击和反弹球、近网截击对攻和变化的截击挑高球、放轻球等在单打比赛中很少运用的技术，大都能在高水平的双打比赛中出现。正是以这些在快速对抗中的高难技术组成的积极快速进攻的双打战术，把网球双打推向前所未有的高水平。

当代高水平网球双打战术充分体现着"快、狠、准、巧、全"的风格特点。发球局强有力的网前攻势带动着接发球局反攻能力的提高；攻防的对抗能力不断增强以及转化速度和节奏不断加快，推动着双打技战术向更高水平发展。

二、双打战术的特点

（一）密切协作，默契配合

双打是两人配合的比赛项目，从实际情况出发，针对对方的情况制订相应的双打战术方案是十分必要的，但在比赛过程中预订战术的实施要靠两人的密切协作与默契配合。由于双打战术的机动性和变化性比单打复杂得多，所以无论是在高水平的双上网的对攻战还是在中低水平的攻防中，能做到瞬间的默契配合是很不容易的，而这一点正是双打战术最突出的特点，也是双打战术成功与取胜的关键。为什么有些优秀的单打选手双打的成绩却平平呢？除了单双打属于两种不同的战术体系之外，有些单打选手在双打中缺乏密切的协作意识是造成比赛失利的主要原因，而"默契配合"是建立在两人相互了解和信任的基础上，在长期配合中逐渐磨炼出来的。好的双打配对应紧密合作、互创条件、扬长避短、相辅相成，在场上有呼有应、相互鼓励，即使由于实力不如对方而失利，两人合作也是愉快而融洽的。

（二）双打与单打的区别

双打比赛虽然是在发挥个人单打技术的基础上，相互配合进行的，但网球的双打与单打战术特点截然不同，两者之间有很大的区别。

整体而言，双打比赛以网上截击为主，而单打则以打落地反弹球为主，两者的打法、形式均不相同，存在着很多区别。双打是由两人组成以截击为主的绝对有利的阵形来完成比赛，而单打则依靠在底线打落地反弹球来完成比赛。单打上网时防守范围比双打要宽广许多，因此防守相对比较困难，对手也就有机会把球打到脚下或者打出穿越球。具体区别如下。

1.一般单打第一发球的力量较大，多用平击的大力发球，因此命中率比较低；而双打要求发球上网（特别是男子双打必须发球上网），要求第一发球的命中率在80%以上，并强调落点位置。所以多采用命中率较高的切削发球或上旋发球，落点应在对手的弱点上，以利于上网或给同伴截击创造机会。

2.单打战术要求尽量把球击向场地两角深处，球过网的高度可在1.20~1.53米，而双打要求把球打低些，打好落点球，防备对方截击。

3.双打比赛挑高球的应用比单打多，高压球的机会也多，因此双打运动员应更加注重截击和高压球技术的提高。

4.双打经常出现双方 4 人同时上网，短兵相接，激烈对攻。由于往返球速快，运动员的反应也必须更快，动作迅速，判断要准确。双打中可采用二打一的战术，多攻对方实力较弱的选手。

5.双打时，两个人的优缺点可以相互补充；而单打则必须靠一己之力来克服本身的弱点。

三、双打的基本站位

双打中发球队员和接发球员及其同伴的站位与移动、判断和击球有着密切的联系，站位合理、移动迅速、配合默契、击球质量高，比赛中就能占据主动地位。

1.双打中发球员及其同伴的站位法

（1）前后站位

同伴站在网前，发球员站位应稍靠边线，这种站位发球员可以加大斜线球的角度，发球后可立即上网，如图 4-9 所示。

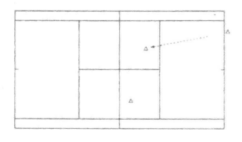

图 4-9

（2）澳大利亚式站位

同伴站在网前中线或靠近中线处降低重心，发球员发球后根据同伴的要求上网。发球员的站位应根据网前同伴的站位以及战术意图及时调整自己，做到便于上网和便于封网，以达到发挥发球局的进攻优势，控制网前的目的，如图 4-10 所示。

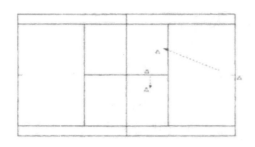

图 4-10

2.双打中接发球员及其同伴的站位法

（1）前后站位

同伴站在发球线与发球网中间，接发球员站在底线后或底线内，如图 4-11 所示。

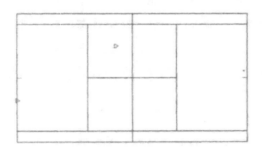

图 4-11

（2）双底线站位

同伴与接球员都站在底线，如图 4-12 所示。

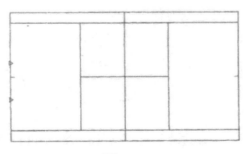

图 4-12

四、双打中的基本战术

（一）双打的发球战术

在研究发球局战术前，首先遇到的问题是我队应该由谁先发球更有利。赛前主裁判让双方抽签选择发球权和场区，如果我方抽中，一般选择发球权。待对方决定场区后，我方再商量由谁先发球。比赛开始后的第一个发球局无疑是很重要的，如能顺利拿下，先声夺人，对接下来的比赛是个鼓舞。考虑谁先发球应从以下几点出发：

（1）双打中的核心队员、经验丰富者。

（2）发球的攻击力强且稳定性好，能与网前同伴密切配合者。

（3）有充分的思想准备，能很快地进入比赛状态，对客观条件的适应能力强者（如对阳光、风向、场地等）。但有些实力强、经验丰富的双打选手在比赛开始故意选择接发球，因为在第一局双方不了解和未充分活动开时很容易抢到对方的发球局，即使抢不到，第二局发球局也有把握再赶上来。

1.双打发球局的站位

发球局的站位应贯彻"以我为主、以攻为主"的指导思想，从有利于发球局的战术意图出发来决定两人的位置，通过比赛，观察对方技战术情况再做调整。现以中高水平的双上网战术为例：

（1）常规站位（异侧前后站位）

①右区发球的站位

发球员应站在底线右侧中点与双打边线的中间或略偏右 20~30 厘米的位置上，同伴站在左侧网前距网 2~3 米、距左侧双打边线和发球区中线之间的位置上，同伴的站位以保护边区为主，兼顾中路。这样的发球局阵势给对方的感觉是：网前自己摆好抢网进攻的架势。不但要接好发球，还要尽量避开同伴的抢攻。

发球员的站位应考虑以下几点：

A.发球后上网占据右区半场进攻的有利位置，发球员可与同伴在网前封住接发球的角度在网前进攻。

B.发球员的站位应使发球落点有更灵活的选择余地，既可以用大力侧上旋发球将球发至边区外角拉开对方，也可以变化落点攻击对方中路内角（大多数右手持拍者的反拍），因为发球的落点对双打战术非常重要。

C.发球员与网前同伴保持合理的距离，即使战术变化需要抢网交叉换位，发球员向左前方跑动距离也比较适中。

②左区发球的站位

发球员在左区双打边线与中点之间略偏左的位置。这样的站位可以更有利地发出拉开对方的外角球，因为大多数的右手持拍者从左区向对方的发球区外角发球时需要从站位上调整（单打也是如此），即使在站位上向左多调整一些也不会影响发向对方中区内角的球，因为右侧上旋大力发球的飞行路线可以很容易地发到这一点。像右区发球站位一样，同伴在网前右区，站在距网 2~3 米、距中线与右侧双打边线之间，以确保右侧不被直线穿越为主，兼顾中路并与发球员在网前默契配合。

（2）非常规站位（同侧前后站位）

①右区发球的站位

在右区发球时常会发现接球员擅长回击小斜线球，因为接回的球特别斜不但网前同伴无法拦截，发球员冲上网后也很难处理，造成网前的被动。一旦出现此种情况，可调整为同侧站位的方法。

这种站位一变化，就给对方一个信号"斜线接发球行不通，请改接直线"。发球员为便于上网封住左半区，应站在接近中点的底线后（像单打右区发球的站位），发球后冲至前方，与网前同伴共同组织网前进攻。同伴在网前的站位以封住对方发球员回击的斜线为主，同时适当地向中区调整与发球员在网前截击对方的来球。这种同侧站位首先在擅长双打的澳大利亚使用，所以又叫澳式双打站位。这种站位有时确实能起到预想的作用，使对方小斜线接发球毫无用武之地，迫使其改打直线球。不少双打配对打出的直线球质量不高，因为直线球不但距离短而且又要避开对方的网前进攻，无疑增加了接球的难度。

应该提醒的是：这种同侧站位必须有平时的训练基础和默契的配合才能使用，因为这种站位不仅对方看着别扭，我方不经过长时间训练也不习惯。首先，发球员的上网路线与封网角度不同，网前同伴的抢网路线也不同，由谁保护中路和后场高球都应做相应的调整和部署，尤其在对方迫于无奈接回很多意想不到的球时，要防止自己乱了阵脚，因此需要专门的训练和准备。

②左区发球的站位

与右区相似，如果发现对方在左区接发球擅长打破网小斜线球时，我方上网进攻就会受阻，网前同伴很难抢到，而且发球员上网后也很难处理前场的低斜球，则只好改变为左区的同侧站位以封堵小斜线的接发球。

同伴换网前站位于左侧与发球员同在左场区，发球员在底线后向右移至中点附近，有利于发球后上网封住右半场区回击对方的接发球。这样的发球站位能迫使对方发球员打出以直线球为主的回击。如果对方不适应这种变化出现接发球质量下降或失误就达到了我方的目的。如上所述，左区这种同侧的前后站位的发球上网与网前配合也需要专门的训练，不然由于配合生疏和跑位、抢网的不习惯也容易出现失误。

以上右区与左区的非常规的同侧站位要根据场上实际情况慎重使用。有时，对方偶尔接出一两个小斜线高质量的接发球，只要你在发球落点、旋转与力量上稍加变化就可以抑制对方；另外，对方两人的接发球技术上也会有差异，并不一定都采用同侧的站位。例如，对方左区接发球员的反拍接发球擅长小斜线破网，我方发球出现"赛点或盘点"屡攻不下时，则果断地改为左区同侧站位是会有所突破的。

（3）特殊的站位

为了达到战术目的或扰乱、迷惑对方，无论是发球员或他的网前同伴都有许多特殊的站位方法：

①发球员的特殊站位

发球员为把接球员拉出场外回击，把发球站位向外侧延伸接近单打边线，但此站位要网前同伴的配合，因为他稍一疏忽就容易被对方直线接发球破网；发球员上网也应防范小斜线破网的来球，对方在边线外侧回击球的角度极大。这样站位的发球目的在于拉开对方可攻击中路空当得分，但同伴与发球员因距离较远，全交叉换位抢网难度太大，且对方回击球的面积大、落点变化多，不宜过多运用。由于发球员向外站，必然引起接发球员注意防范外角落点，如果为了迷惑对方，以此站位同样可以发对方的内角，令对方防不胜防。

与此相反的变化站法是发球员向中点靠近。这种站位有两大优点：

攻击中路时，对方接球没有回击角度，便于在网前拦截；两人距离较近容易抢网换位。即使靠近中点发球也同样可以变换发外角落点，虚虚实实让对方捉摸不定。但这些变化需要与网前的同伴默契配合，有时第一发球与第二发球的站位也可以进行变化，以扰乱对方。

②网前同伴的特殊站位

网前同伴的站位变化对接发球员的干扰与影响是很大的，因为双打与单打不同，接球员除了要应对发球员强有力的发球外，还要防范网前人的抢攻，网前人站位的变化必然引起接球员的注意。

网前同伴向外侧站，接球员就不敢打直线，但发球员发球后，同伴迅速向中路抢截，可达到出其不意的效果。

2.发球局的优势

（1）态势上的优势

采用双上网战术时，发球员的同伴已经占据了网前进攻的有利位置，再加上强有力的发球和上网抢攻，使接发球方处于被动的境地。双上网几乎封住了接发球方所有的回击角度，一旦两人逼近网前，自上而下地截击，就可以攻击不同的角度和落点，即使接发球方挑出质量较高的高球，也摆脱不了被动防守的地位。因此，高水平的双打搭配的发球局比单打获胜率还高，它是高水平双打的重要标志。

（2）心理上的优势

高水平双打发球员的同伴，常借助发球的威力在网前主动抢截接发球方回击的来球，直接进攻得分。

正因为双打的发球局具有上述优势，稍有水平的双打配对有时即使在实力上与对方存在差距，但只要发球局战术运用得当，充分出发挥出两人的技术优势，密切合作，仍可以取得发球局的胜利。在双打比赛中，除非实力相差悬殊，出现 6∶0、6∶1 的比分是很少见的。在一般情况下，只要发球局战术得当，都可以与对方一争高低。

不应将双打双方拆开以单打水平论实力。单双打是截然不同的两种战术体系，双打实力不等于两个单打实力之和，$1+1\neq2$。战术得当 $1+1>2$，反之 $1+1<2$。

（二）双打中的接发球战术

双打的接发球与单打的接发球是完全不一样的，由于本身处于被动位置，加上对方网前又有一名队员封网，所以接发球的难度会更大，要求也就更高。在高水平的双打比赛中，若能打破对方的一个发球局，常常就能取得这一盘比赛的胜利。

1.双打接发球的原则

向前逼近，采取攻势，给对方的发球者造成心理压力，并为本方从被动转为主动，进而上网截击创造条件。

2.双打的接发球要求

（1）面对发球员应早做准备，合理取位，预判准确，胆大心细，向前迎击，动作小而快的接发球能提高接发球的成功率和质量，这样才有可能改变被动的地位。

（2）双打接发球的回球线路必须清晰，即接发球应向着发球者进行回击，绝不要轻易地打给网前的对手。预判对方发球上网后，应立即迎上击球，用低球回击至对方脚下，使对手无法起拍进攻，然后随接发球上网。

（3）双打的接发球要眼疾手快。如果对方发球后在网前非常活跃，其同伴的抢网也很凶，那么接发球员要迎上，压得快，打得凶，或看到网前的对手向中间移动抢网，立即回击一拍直线球，使其顾此失彼，防不胜防。

（4）当发现对方的发球员的发球稍弱时，接发球可采用迎上压着打，或迎上推切削接，或接上旋球，把球打到对方发球上网者的脚下的主动进攻的打法，为接发球方进攻创造条件。

（三）双打中的网前战术

高水平的双打比赛中，时常会出现双方都在网前以快速截击球进行相互对攻的场面，因此双方对网前截击球技术的掌握要求比较高。双打中的网前技术，不仅要有良好的判断、快速的反应，还需要有敏捷的步伐移动和娴熟的截击击球技术。网前截击球要求干净、利落并具有威胁。

1.对发球而言

（1）如对方接发球员没有上网，发球上网后的第一次截击球应截击至接发球员处，然后继续向前跟进。要求截击拦得平而深，质量高。

（2）如对方接发球上网，发球上网后的中场第一拦击应拦至对方上网者的脚下或两条边线区域内。要求控制好击球力量，以便拦击出好的落点。

（3）发球方同伴应根据发球员的发球质量及对方接发球的习惯，进行抢网，干扰对方的接发球。要求将球拦到对方脚下或两条双打线内。

2.对接发球而言

（1）接发球上网后的网前截击，应根据对方发球后的拦网质量，迎上截击或控制球截击，将球拦至对方脚下，或两人之间的空当，或两条边线区内。

（2）如果发球方发球质量较高，发球上网中场第一拦起高球，接发球员的同伴立即抢网截击，动作要突然，击球要凶狠。

双打比赛中，谁先占据了网前，谁就取得了比赛的主动权，抓住网前的机会，就容易取得这一分。所以打好网前截击是很重要的得分手段。双打的网前截击应该注意以下几点：第一，取位要合理，网前截击如果取位不合理，就容易被对方抓住空当，实施穿越；第二，要有必胜的信念，技术到一定的水平后，在网前主要是看队员的信心足不足，到网前后，如果没有必胜的信心，就很容易被对方打穿；第三，要有进攻的态势，来到网前你就要给对方以进攻的态势，击球决不能手软，只要有机会，就应该给对方致命的打击；第四，移动迅速，击球果断，打网前截击的机会是要主动争取的，快速移动是争取主动的前提，判断准确，来到网前击球一定要果断；第五，控制击球落点，连续追打对方的同一名队员。

（四）双打中的挑高球战术

挑高球技术在双打比赛中也占有一定的地位和作用，如能挑出好的带进攻性的上旋高球，就能控制对方上网的速度，使对方上网后多一层心理顾虑，同时也能有效地将被动地位转为主动地位，如在很被动的情况下，挑出高而深的防守性高球同样也可以达到破坏对方进攻节奏的效果。

双打中挑高球应注意的事项：

1.挑高球时动作要隐蔽，出手要快，尽量朝贴近网前的对手的身后挑。

2.不要对方一上网就挑高球。要等到对方拦了一板后，贴近到网前，再突然挑高球。

3.高球要挑到防守的后场，同时应立即上网抢占网前进攻位置。

第五章　网球运动中身体与心理素质的训练

第一节　网球运动的身体素质训练

　　良好的身体素质是网球运动的基础，是学习和掌握网球运动技战术，充分发挥稳定技能的保证。因此，全面发展身体素质是网球运动学习和训练必不可少的组成部分。网球运动员的身体素质主要包括：力量——爆发力好，启动速度快，击球、发球有力，从底线的击球能够发挥强大的爆发力，并且能够自如地控制底线球；速度——反应速度和移动速度快；耐力——能够长时间保持较好的体能，并在后期的比赛中也能够稳定发挥；柔韧性和灵敏度——肌肉和关节能够协调运用，以减少伤害的可能性，并能够准确地击打高、中、低球。

一、力量素质训练

（一）力量素质的基本概念

　　力量素质是人体或身体部位的某一部分肌肉（收缩和舒张）克服内外阻力的能力，外部阻力是指物体的重量、支撑反作用力、摩擦力、空气阻力、水阻力等。内部阻力包括肌肉的黏滞力、关节的加固力及各肌肉间的对抗力等。力量素质训练的目的是提高人体克服外部阻力的能力，发展自身的力量素质。

（二）力量素质的分类

1.按肌肉收缩形式划分

（1）动力性力量。动力性力量是指肌肉收缩或拉长时，使身体或身体某一部分产生位移或推动别的物体产生运动的力量。

（2）静力性力量。静力性力量是指肌肉收缩时产生的力量，可以完成某些静止不动的用力动作，或在整个动作中肢体不产生明显位移的力量。

2.按体重与力量的关系划分

（1）绝对力量。绝对力量是不考虑运动员的体重因素，人体或人体某部分用最大力量所能克服最大阻力的能力。

（2）相对力量。相对力量是每千克体重所表现出来的力量，它主要反映运动员的绝对力量与体重之间的关系。

3.按力量表现形式划分

（1）最大力量。最大力量是指运动员的最大肌肉力量和最大意志力收缩在对抗一种刚好能克服的阻力时所发挥的最高力值。

（2）速度力量。速度力量是指运动员在特定负荷条件下所表现出来的最大动作速度。

（3）力量耐力。力量耐力是指运动员在克服一定外部阻力时，能坚持尽可能长的时间或重复可能多的次数的能力。

（三）网球运动中力量素质的特点

从运动项目来讲，网球是属于技能主导类项目，技术是网球运动的关键环节。但是，随着现代网球运动的发展，战术变化更加多样，体能的作用更加明显。力量是网球运动员最重要的素质，在不同时间段对运动员身体强度的要求是不同的，对不同的位置、球的不同高度，其力量要求也不同，所以在网球运动中，运动员的力量有自身的特点，最需要提高的是爆发性力量，也就是速度力量。重点是如何在最短时间内发挥出最大的肌肉力量与速度。

从视觉的角度来看，网球运动是通过球的运动来充分地表现力量的，球的运动主要通过旋转和速度两大因素表现。换句话说，在网球运动中最直接表现出力量作用的，就是球的旋转和球的速度，所以网球运动力量的特点是以动力性力量为主；从表现形式来看是一种以速度力量为主，以最大力量和力量耐力为基础的综合性力量。

（四）网球运动中力量训练的方法

1.上肢力量

（1）手腕：手持负重器械，固定前臂，以手腕为轴做伸、屈练习。

（2）上臂：手持负重器械，以肘为轴做向胸内侧拉伸运动，主要练习肱二头肌和肱三头肌的力量。

（3）大臂：手持负重器械，两手侧平举再放下，主要练习大臂和三角肌及肩关节的力量。

2.躯干力量

（1）背肌：

①双手屈体持实心球投掷；②单手持球（网球）投掷；③持哑铃推举、直举、前上举、体前屈平举等。

（2）腹肌：平躺仰卧起坐、单侧收腿异侧方向仰卧起坐、仰卧两头起。

3.下肢力量

（1）大腿：深蹲、半蹲快速起。

（2）小腿：利用健身器材，同一侧拉伸训练。

（3）脚踝：负重提踵，单脚跳。

（五）提高网球运动员力量的具体手段

1.投实心球练习

两腿平行站立，与肩同宽，双手持一个 5 千克的实心球。尽量放低身体，下蹲，后背保持平直，膝盖在脚尖正上方。双手在大腿之间托住球，开始向上抛。脚掌绷紧，身体尽可能长时间保持拉伸姿势。一旦腿和臂肌肉伸展充分，尽可能将球抛得越高越好。每 5 次一组，共 3 组。

2.水平扶墙练习

右脚支地，左手撑住墙面，身体和地面成 60 度角，抬起左脚，大腿平行地面，大小腿成直角，脚尖翘起，脚心尽量平行地面，保持重心稳定，尽量收腹，身体保持直立。然后换方向。左脚落地，右腿抬起至大腿平行地面，步骤同前。每条腿各 6~10 次为一组，做 4 组。

3.单脚健身操

选择一对适合自己的哑铃，举至肩部，双腿与肩同宽站立。练习时，先向后撤一条腿至一个比较舒服的位置呈弓步站立，保持膝盖对直脚尖。挺胸，直背，目视前方。前面那只脚的脚跟着地，撑起身体。后面那条腿抬起至体前，抬膝直到与腰持平，停住一秒钟，反复做，越流畅越好。每组每条腿抬 8~10 次，做 3 组。

4.拉橡皮筋

将一根力量训练的橡皮筋绑在一个固定物上，首先面对固定物，双手抓住橡皮筋向身体方向拉伸做屈臂、翻腕、提拉的动作，然后分别用左侧、右侧和背对固定物做同样的练习。每个动作 10 次为一组，做 5 组。

二、速度素质训练

（一）速度素质的基本概念

速度素质可概括为是人体快速完成动作的能力和动作反应时间，也可以简单地理解为人体（或身体的某部分）进行快速运动的能力。速度素质是运动员的基本素质之一。

（二）速度素质的分类

速度素质按表现形式可以分为反应速度、动作速度、位移速度三个部分。

（1）反应速度是指人体或器官对各种刺激发生反应的快慢，如短跑运动员从听到发令到起动的时间。反应的快慢主要取决于兴奋信号通过反射弧所需的时间的长短，这仰仗于中枢神经系统的机能状态和运动条件反射的巩固程度。

（2）动作速度是指完成单个动作的时间长短，如网球运动中击球时的挥臂速度。动作速度主要是由肌肉力量、肌肉组织的兴奋性和运动条件反射的巩固程度等因素决定的。

（3）位移速度指周期性运动中人体在单位时间内通过的距离。以跑为例，其周期性运动的位移速度主要取决于步长和步频两个变量，而步长和步频又受多种生物学因素的制约。

（三）网球运动中速度素质的特点

网球运动的反应速度主要指判断来球的反应速度；动作速度是指打出一个好球的击球速度，具体地说是挥拍速度；位移速度是指脚的移动速度。

网球运动的速度取决于力量和爆发力。不同于投掷和举重的瞬间爆发，网球运动的爆发力主要体现在有能力控制自己的肢体，尤其是快速移动和运动手臂的能力。特别强调速度素质对提高神经系统兴奋与抑制过程中的强度有帮助，对于发展速度也是有利的。所以在训练中应采用正确的方法来训练下肢、躯干、上肢、前臂内旋等肌群快速工作的能力。

（四）网球运动中速度训练的方法

由于网球运动的速度素质需要反应、动作、位移三个方面的综合能力，而这三个方面既有联系，又有区别，所以应采用多种提高速度素质能力的训练方法。

1. 反应速度的训练

（1）移动目标训练：网球是一个移动的目标，对其运动的反应一般都要经历四个阶段：第一，看清来球的方向；第二，判断球的速度、旋转和高度；第三，做好准备并选择合适的击球位置；第四，完成动作后立即回原位。

（2）动作选择训练：根据对手的动作变化作出相应的动作反应是人体反应和特殊动作紧密结合的一种形式。动作选择训练需要高度的专业化，其专项效果非常明显。动作训练包括两个部分：一是在专项训练中与需要选择的复杂情况进行联系；二是训练运动员合理利用对手可能作出的变化来做好预判。

2.动作速度的训练

动作速度寓于具体的动作之中，它和动作技术的完善程度紧密联系。此外，运动速度直接受力量、柔韧性、灵敏度等制约，因此它和其他素质的发展关系密切。动作速度的培养，必须建立在技术水平的提高与稳定，以及相关身体素质发展的基础上才能实现。

（1）完善技术动作

首先，动作速度的提升与技术动作的完善程度有很大的关系，因为动作幅度、运动距离、运动时间、运动方向、运动角度以及运动部位等因素都会对运动速度产生明显的影响。其次，在技术训练中，人的协调能力能够得到改善，有助于运动速度的发展，最大限度地减少人体的运动阻力，从而达到提高运动速度的目的。

（2）动作负荷加压训练

在动作速度训练中利用外部自然条件和人为因素的阻力来发展运动的速度。网球训练中更注重人为因素的运用。人为阻力是一种直接作用于运动员运动方向的力量，可以帮助运动员提高或完成某项技术的动作速度。

3.位移速度训练

位移速度可以看作是人体运动能力的一种具体表现形式。运动技术水平可以决定位移的速度，而力量、柔韧性、速度耐力和协调性的发展对速度也有着很大的影响。从另一个角度来看，位移速度也可以被看作是运动速度、速度耐力和意志力的结合。位移速度训练主要采用以下方法。

（1）力量训练

力量水平，特别是爆发力水平的提高对位移速度的提高具有相当重要的意义。力量训练是提高位移速度的基本方法之一。常用的训练方法有负重杠铃，各种单双足跳、多级跳和跳深。

（2）重复训练

重复训练是指以一定的速度，多次重复进行一定距离的训练。这种方法对提高人体在快速移动中克服各种内外阻力以及速度耐力有十分重要的作用。

（3）比赛法、游戏法

比赛法是指通过和其他运动员比拼速度、技术、成绩，激发运动员的情绪，促使其最大速度的提高。在比赛的状态下，往往能比平时更快作出反应，完成快速运动。游戏法与比赛法作用相同。由于游戏会引起动作的各种变化，因此还可以防止因经常安排大速度训练而引起的"速度障碍"。

（五）提高网球运动员速度的方法

网球运动员的专项速度主要是指动作速度、移动速度和反应速度三种，采用以下几种练习方法可较快提高网球运动员的专项速度。

（1）前冲跑与后退跑：站在网球场端线前冲跑，跑到网前后立即后退跑。

（2）交叉步跑：在一侧球场的中间，面对球网，前后、左右交叉步跑。

（3）并步移动：在一侧球场中间，面对球网，左右并步移动。

（4）四角回心跑：在一侧球场的中间，面对球网，看老师的手势依次向场地四角跑，手触角线后立即返回中心。

（5）垫步跑：在一侧球场的中间，面对球网前后、左右垫步跑。

（6）碰线移动：此练习要求练习者快速移动，同时改变前后移动方向。在网球场地上，从双打边线外 3 米处开始向前跑，用手碰双打边线、单打边线、发球中线、另一单打边线、另一双打边线、单打边线、双打边线。此练习可两人分别站在自己半场同时比赛，通过计时来看谁的成绩更好。

（7）急起急停跑动练习。

（8）20~30 米短距离加速跑。

（9）根据信号反应练习：根据同伴发出的口令、哨音或手势，向前后左右各个方向做快速移动，以提高反应速度。

（10）5 球移动练习：此练习要求练习者在快速移动中变换方向，在双打边线外 2.5 米处放 5 个球，练习者站在该处，先不拿球，当教练发出口令后立即拿一个球快速冲到最近的边线，把球放在线上，然后快速返回拿第二个球，冲刺到下一条边线，把球放在该边线上，重复同样的动作，直至把 5 个球都放在不同的边线上。也可以把所有球都放在线上后，再依次捡回放在起点处。该练习需计时完成。

（11）高频率练习：跟随老师击掌的节奏，做高频率的小碎步练习和高抬腿练习，跟随节奏由慢至快或快慢交替进行。

（12）快速挥臂练习：做徒手快速挥臂鞭打动作（发球的挥拍动作）。用鞭打动作投掷轻器械（如网球、羽毛球、乒乓球等）练习，以提高发球时的挥臂速度。练习时可两人对掷或单人投掷，然后丈量成绩。

三、耐力素质训练

（一）耐力素质的基本概念

耐力素质是指长时间活动或抵御神经、肌肉疲劳的能力，是网球运动重要的基本素质之一。从生物学的角度看，影响耐力素质发展的主要因素有神经过程的稳定性、快慢肌纤维的比例、肌糖原的储备量、最大摄氧量水平、人体负氧债能力和意志品质等因素。从训练学的角度看，影响耐力素质发展的主要因素有训练方法、训练手段、负荷性质、负荷强度、练习次数、训练频率和恢复方法等因素。

（二）耐力素质的分类

耐力的表现与许多因素有关，其中与机体能量供应的能力关系最为突出。因此，我们可以根据耐力所从属的不同功能性质来对耐力进行定义，即有氧耐力与无氧耐力。

1.有氧耐力

有氧耐力是指人体长时间依靠糖、脂肪等进行有氧供能的工作能力。有氧供能的先决条件和关键是供氧充足。而运动中氧的供应受多种因素制约。

（1）心肺功能

肺的通气与换气机能是影响人体吸氧能力的因素之一。优秀的耐力运动员的肺容积、肺活量普遍大于非耐力运动员和无运动训练者，其肺的通气机能和弥散能力也大于一般人。心肺功能的改善为运动时氧的供给提供了先决条件。

（2）骨骼肌特点

当血流经组织细胞毛细血管时，肌组织从血液中摄取和利用氧的能力与有氧耐力密切相关。肌组织利用氧的能力，一般用氧的利用率（即每100mL动脉血流经组织时组织利用氧的百分率）来衡量。

（3）神经调节能力

长期坚持耐力训练不仅能够提高大脑皮质神经反射过程的稳定性，而且能够改善和促进中枢神经系统的协调，具体表现在肌肉的收缩与舒张更加协调，各肌群（主动肌、对抗肌、协同肌）之间的配合更趋完善，运动中枢的兴奋与抑制过程更加集中，内脏器官的活动能更好地与肌肉活动相适应。神经调节能力的改善可提高肌肉活动的机械效率从而减少能量消耗，保证肌肉的长时间活动。

2.无氧耐力

无氧耐力是指机体在供氧不足的情况下较长时间进行肌肉活动的能力。在长时间缺氧情况下，机体主要依靠糖类的无氧酵解来提供能量。因此，无氧耐力的水平主要取决于肌肉无氧酵解供能的能力、缓冲乳酸的能力以及脑细胞对血液pH值变化的耐受力。

（1）肌肉无氧酵解供能的能力

肌肉无氧酵解供能的能力，主要取决于肌糖原的含量及其无氧酵解酶的活性。柯斯蒂（Costill）尔等发现，优秀赛跑运动员腿肌中乳酸脱氢酶的酶活性和磷酸化酶活性，长跑者最低，中跑者居中而短跑运动员最高。这表明肌肉无氧酵解能力与无氧耐力素质密切相关。

（2）缓冲乳酸的能力

肌肉无氧酵解过程产生的乳酸进入血液后，将对血液 pH 值造成影响。但由于缓冲系统的缓冲作用，血液 pH 值不至于突然发生太大的变化。机体缓冲乳酸能力的强弱主要取决于血液中碳酸氢钠的含量及碳酸酐酶的活性，其中前者占主导地位，但后者起决定性作用。一些研究表明，经常进行无氧耐力训练，可以提高碳酸酐酶的活性。

（3）脑细胞对血液 pH 值变化的耐受力

尽管机体的缓冲物质能中和和消解一部分进入血液的乳酸，但由于进入血液的乳酸量往往较大，故血液 pH 值无疑还会向酸性方向发展，加上因长期运动引起的供氧不足而导致代谢产物堆积都将会影响脑细胞的工作能力，从而使得运动员感觉到疲劳。因此，脑细胞对这些不利因素的耐受能力的高低也是影响无氧耐力的重要因素。经常进行无氧耐力训练的运动员，脑细胞对血液中代谢产物堆积的耐受力都会得到显著提高。

（三）网球运动中耐力供能的特点

网球运动是一种由连续的、短时间的爆发性动作组成的比赛项目，因其动作间歇不规则，有"短兵相接"，也有持续对攻，因此其能量系统的供能特点是混合供能，大致来说，70%为磷酸肌酸；20%为无氧糖酵解；10%为有氧系统供能。如向前冲刺接网前球、跳起扣高压球或发球强攻等简短而激烈的动作，是无氧无乳酸供能；而底线相持，多拍对攻时，是无氧糖酵解供能；每一分间隔和交换场地时有较长的休息时间，又是有氧系统供能。

（四）网球运动中耐力训练的方法

网球运动耐力训练的方式是否与网球比赛的特点相吻合直接影响到耐力训练的成效。一个好的田径运动员一般会有很好的耐力，但如果他参加网球比赛其耐力就不一定能胜过一个优秀的网球运动员了。

1.有氧耐力的训练

有氧耐力的常用训练方法有持续训练法、间歇训练法及高原训练等。

（1）持续训练法

持续训练法是一种连续、非间歇、低强度、长时间的训练方法。在长跑和游泳训练中，常采用长距离的持续性匀速练习，主要用于锻炼心肺功能和有氧耐力的发展。长时间地持续训练，可以提高大脑皮质神经过程的均衡性和机能稳定性，提高呼吸和循环系统的机能及最大摄氧量（$VO_{2, max}$），并能引起选择性的慢肌纤维肥大以及肌红蛋白的增加。尤其是青少年及训练水平较低者应以低强度的匀速、持续性训练为主。

（2）间歇训练法

间歇训练法是指在练习中要有适当的间歇时间，但有时间歇期也会进行强度较低的练习，而不是完全的休息。间歇训练对练习的距离、强度以及每次练习的间歇时间都有严格的规定，往往不等身体机能完全恢复就要开始下一次练习。因此，间歇训练法对身体机能的训练需求更高，所以更容易引起身体结构、功能和生物化学反应的深刻变化。

（3）高原训练

随着运动水平的不断提高，人们在加大运动负荷的同时，开始注重提高训练难度，给身体更强烈的刺激，以调动人体的最大潜能。高原训练是在这一思想基础上发展的一种训练模式。在高原训练中，人要承受高原缺氧和运动缺氧两种负荷，对机体造成的缺氧刺激远远大于平原，能极大地调动机体的潜能，从而使人体产生复杂的生理效应和训练效果。研究表明，高原训练能使人体内的红细胞和血红蛋白量、血容量上升，呼吸循环系统的能力显著增强，从而提高有氧耐力，同时还可以挖掘无氧耐力的极限。

2.无氧耐力的训练

无氧耐力的常用训练方法有间歇训练法、缺氧训练法等。

（1）间歇训练法

间歇训练法是培养无氧耐力较常用的方法。在利用间歇训练方式提高无氧耐力的过程中，要对运动强度、训练时间和间隔时间的组合匹配进行考虑，要以运动中能产生高浓度的乳酸为依据。因此，间歇训练运动强度和密度大，间歇时间短，通常运动时间应大于30秒，以1~2分钟为宜。这样的运动强度、运动时间和间隔时间的组合，可以最大限度地提高糖酵解系统供能的能力，从而有效提高无氧耐力。

（2）缺氧训练法

缺氧训练法是指在憋气或减少吸气的条件下进行练习的方法，其目的是造成体内缺氧，以提高无氧耐力。缺氧训练不仅可以在高原自然环境中进行，而且在平原特定条件下模拟高原训练，同样可以获得一定的训练效果，如利用低压舱或减压舱等。

要想得到更好的耐力训练水平，除了依靠技术和战术等因素外，还在于所进行的耐力训练的不同方式。这是因为运动员在任何专项运动训练活动中，通过怎样的方式获得运动技能或身体素质，就必须通过相同的方式来体现这种训练的有效性。网球运动耐力训练的水平主要体现在训练中要完成大量的不同方向的底线抽击运动，而不同距离、不同速度交错地奔跑，没有固定方向的击球能力，是训练水平的具体体现。因此，网球运动耐力训练应尽可能使用一些适合网球身体活动方式特点的训练方式，从而使运动员在耐力训练过程中更接近于实际比赛。它不仅可以使网球运动耐力素质获得良好的发展，也有利于运动员在比赛中有效发挥和充分体现，从而促进竞技能力的不断提高。以耐力训练形式配合各种球类技术、战术练习以及对抗性练习是值得实践和提倡的。

在有氧耐力的专项训练过程中，应根据训练对象的年龄层次和水平，适当配合一些无氧耐力训练的内容和方法，以提高有氧耐力训练运动负荷，这有利于更有效地提高最大摄氧量，从而达到更好的有氧耐力训练效果。在一定程度的有氧耐力训练的基础上，或是在进行有氧耐力训练的基础上，建立无氧耐力训练是比较提倡的。因此，即使在无氧耐力训练的发展阶段，也应在无氧耐力训练的同时继续保持和提高有氧耐力训练水平，以保证无氧耐力的稳步提升，实现耐力的快速发展和提高。

（五）提高网球运动员耐力的具体方法

网球运动员在比赛中长时间连续移动、连续挥拍、相持迂回等都需要有较好的耐力。下面这 7 项训练内容（俯卧撑、双脚原地跳、仰卧两头起、屈体剪式脚、腰髋转动综合练习、快速弓箭步、跳绳）不仅可以很好地提高人的耐力素质，还能提高其手臂和手腕力量、腰腹力量以及爆发力和全身的协调性，如果经常练习，还能够达到事半功倍的效果。这 7 项练习是一个循环，分为 5 个级别，在循环的过程中，不同能力的练习者可根据自己的级别进行相应的练习。耐力练习水平表如表 5-1 所示。

表 5-1 耐力练习水平表

水平等级	耐力练习内容
1 级水平	先测定在 30 秒内能够完成练习的最多次数，然后在 30 秒内按照标准动作进行最多次数 50% 的练习。完成一项练习之后最多可以休息 30 秒，就必须进入下一个项目的练习。共进行 3 个循环的练习
2 级水平	完成上一级所测定最多次数的 80%，按照标准动作进行练习。完成一项练习之后，休息时间控制在 30 秒之内，就必须进入下一个项目的练习。共进行 3 个循环的练习

水平等级	耐力练习内容
3级水平	先测定在 15 秒内能够完成练习的最多次数，然后按照这个最高次数完成每项练习，每项练习之间休息约 20 秒。在进行第 2 个循环练习时，要求每个项目的练习次数要比第 1 个循环多，第 3 个循环的练习次数要比第 2 个循环多
4级水平	先测定在 20 秒内能够完成练习的最多次数，然后按照这个最高次数依次完成每项练习，每项练习之间休息 15~20 秒。在进行第 2 个循环练习时，要求每个项目的练习次数要比第 1 个循环多，第 3 个循环的练习次数要比第 2 个循环多
5级水平	尽最大努力进行 15 秒主要项目（比如俯卧撑）的练习后，立即再选一项（比如跳绳、踢腿等）在 15 秒内尽最大努力完成

1.俯卧撑

身体呈一条直线,肘关节弯曲 90°,然后再还原到起始姿势,继续做下一个俯卧撑。如果有能力，可以做到鼻子贴近地面，还可以在撑起时尝试双手离地击掌。

2.双脚原地跳

全身协调力量，双脚向上跳起，双腿屈膝向上尽量贴近胸部。落地要轻柔。如果落地毫无控制，会使膝关节及脚踝负担过重，容易受伤。

3.仰卧两头起

仰卧，双臂与双腿同时向上举起在腹前相碰。注意背部挺直，双腿膝关节不要弯曲，身体保持平衡。

4.屈体剪式脚

全力向上跳起，同时两腿伸直向两侧分开，双手触碰到两足尖，注意上体不可向前倾斜。每个人的柔韧性不同，两腿分开的程度也不同，膝关节也可能有些弯曲，这都没有关系，但一定要跳起来分开两腿，手尽量摸到脚尖，并按自己的级别水平跳到足够的次数。

5.腰髋转动综合练习

首先从俯卧撑的开始姿势做起，两臂撑直，一条腿不弯曲放于撑地两手的一侧；另一条腿在原地伸直。以这样的姿势为准备姿势，从准备姿势开始，快速交换两腿的位置，即一腿摆动到撑地手的侧面，另一腿快速回到原位，如此重复交换进行练习。

6.快速弓箭步

以两腿大幅度前后分开的弓箭步姿势开始，然后在保持上体平行的前提下，让弓箭步的前后脚交换位置。注意两脚跨步的步幅不可太小（即前后脚的距离不能太近）。

7.跳绳

在跳绳中加入各种动作，如高抬腿跳、后踢腿跳等，中途不可失误，以此来培养集中注意力的能力。

四、柔韧素质训练

对于网球运动员来说，提高柔韧性主要有四个好处：首先，良好的柔韧性可增加运动时关节的活动幅度；其次，良好的柔韧性可以让支配身体各部分的能力增强；再次，还可以提高运动效率；最后，在一定程度上降低了运动损伤的可能性。可见，良好的柔韧性是取胜的砝码之一。

柔韧性训练通常可分为静态拉伸、动态拉伸和本体感受神经肌肉性促进法（简称为PNF拉伸法）三种。而针对不同部位可采用不同的练习方法。

静态拉伸：这种方法是利用固定的肌肉张力来提升柔韧性，如做肩关节柔韧性训练时，每个动作需要维持 6~10 秒，每组动作重复 5~10 次。

动态拉伸：此法是利用反复的动作，增加伸展反射能力。这种伸展有助于肌肉的舒展，避免肌肉紧绷或肌纤维撕裂的运动损伤。建议先做静态拉伸，再做动态拉伸。

（一）腕部拉伸

1.桡侧腕屈肌伸展

伸直右手手臂，放在身前与地面平行，掌心向下，左手向下握住右手背顺着关节拉右手手掌，保持一段时间后松开，换手操作。

2.尺侧腕伸肌伸展

伸直右手手臂，放在身前与地面平行，掌心朝上，左手向下握住右手手掌逆关节牵拉右手手掌，保持一段时间后松开，换手操作。

（二）肩部拉伸

1.肩部前内转（三头肌及肩三角肌伸展）

右手臂呈水平伸直，左手将手肘内拉放在身前，采用静态拉伸。

2.肩部侧转（肩三角肌伸展）

手臂伸直放在身后靠在墙上做身体的侧转动作，采用静态拉伸。

3.肩部向上侧伸（肩三角肌伸展）

将手肘抬起，前臂置于头后，左手将手肘向左拉，采用静态拉伸。

4.双臂向后伸展

将双臂伸直，两手交握放在身后进行伸展，采用静态拉伸。

5.跪姿手前伸展

跪在地上，左手伸直，右手屈肘放在胸前，像小猫伸懒腰一样趴在地上进行静态拉伸。这个动作既可以单手牵拉，也可以双手牵拉。

（三）腿部拉伸

1.坐姿体前屈

放松地坐在一块平地上，双腿伸直并拢置于身前，拉伸时上半身下压，尽量用头触碰膝盖，双手拉住脚尖。这个动作有助于后腿肌、臀大肌及下背肌的伸展，练习者可在同伴的协作下进行 PNF 拉伸训练。

2.坐姿体侧屈

放松地坐在一块平地上，双腿伸直，呈"八"字形放在身体的两侧，拉伸时上半身向侧面下压，尽量用头触碰右腿的膝盖，双手拉住右腿脚尖。这个动作有助于后腿肌、臀大肌及下背肌的伸展，练习者可在同伴的协作下进行 PNF 拉伸训练，并换腿操作。

3.仰卧抬腿

放松地躺在一块平地上，双手抱头放在脑后，双腿自然伸直。拉伸时，同伴将练习者的右腿抬起，向其上半身下压，腿保持伸直。这个动作有助于髋部的伸展，练习者可在同伴的协作下进行 PNF 拉伸训练，并换腿操作。

（四）踝部拉伸

放松地坐在一块平地上，双腿伸直并拢放在身前，双手放在身后撑地。同伴将手放在练习者的脚背上向下压。这个动作可以增加踝部的柔韧性，练习者可在同伴的协助下进行 PNF 拉伸训练。

（五）膝部拉伸

1.立姿单腿屈膝

双脚与肩同宽站立，左手向后抓住右脚弯曲向后拉伸，练习时为了保持平衡，可以扶住墙面进行。该动作采用的是静态拉伸。

2.前推后弓

呈弓步站立，拉伸大腿的内侧肌。练习时要尽可能伸展大腿及小腿，注意不要反复做下压动作，这样容易拉伤韧带，应该采用静态拉伸的练习方法。

3.小腿的拉伸

呈弓步站立，但不要蹲得太低。双手扶住墙面，将重心放在后腿，拉伸后腿的小腿肌肉。这个动作采用的是静态拉伸的练习方法，可以促进四肢肌肉的伸展。

五、灵敏素质训练

（一）灵敏素质的基本概念

灵敏素质是指在各种环境突变的条件下，人体迅速、准确、协调、灵活、敏捷地完成动作的能力。它是人们活动技能和各种身体素质在活动过程中的综合表现。灵敏素质包括三层含义：掌握复杂动作的协调能力、迅速学会和完善动作技巧的能力、根据变化情况迅速准确地变化技巧的能力。

灵敏素质在体育训练以及日常生活、工作中有很大的意义。球类运动项目经常要求训练者做出各种起动、急停、变向动作；跳水、体操等项目则要求运动员经常改变身体的位置和方向；还有敏捷地躲避突发危险、快速处理紧急事件等，都要求人体具有调节身体方位的高度的灵活性。这一切都说明，灵敏素质是掌握和完善动作的重要前提。

（二）灵敏素质的分类

灵敏素质可分为一般灵敏素质和专项灵敏素质两种。一般灵敏素质主要表现在运动过程中的身体方位、动作变化及其适应能力，如变向、躲闪等；而专项灵敏素质为各种运动项目技术上的变化能力，如网球比赛中的急停、变向、转身、后退，足球运动员的躲闪、晃动，体操选手的快速转身、翻腾等。专项灵敏素质与运动成绩有着密切的关系，而各个运动项目间的灵敏素质不可相互代替。比如有人面对球类项目得心应手，而在做体操动作时未必那么灵活。因此，灵敏素质的训练应根据实际需要，因人而异。

（三）影响灵敏素质的因素

灵敏素质在人的身体素质中占有特殊地位，它以多种方式与其他身体素质产生联系，并且与动作的熟练程度密切相关。影响灵敏素质的因素有很多，主要有以下四个方面。

1.大脑皮层神经活动的灵活性

灵敏素质首先是由大脑皮层神经过程的灵活性所决定的。人的大脑皮层神经过程灵活性越高，对肌肉的指挥能力就越强，能使肌肉缩放及时，使各肌群工作协调一致。经常参加体育锻炼，尤其是各种灵敏性训练，可以改善大脑皮层神经过程的灵活性，提高大脑皮层对肌肉的指挥能力，提高各种感官的灵敏度，保证各种应答动作准确迅速。

2.身体素质的发展水平

灵敏素质的发展有赖于其他素质的发展。特别是反应速度、动作速度、柔韧性、爆发力等，都与灵敏素质有密切关系。良好的反应速度和动作速度直接影响到动作的灵活程度，而力量则是快速完成动作的基础，良好的柔韧性素质可以将复杂的动作准确自如地表现出来。其他素质发展了，就能相应地促进灵敏素质的提高。因此，训练时要注意把灵敏素质和其他素质的练习结合起来。

3.掌握技能的数量与熟练程度

运动员在学习新的动作时，总有一部分是依据已经学过的动作有机地串联起来的，它们与所要学习动作的新要素一起构成特殊的联系，组成新的技能。这就说明，运动器官的训练越精细、越准确、越多样，条件反射联系的储备越丰富，所掌握的技能就越多、越熟练，对于新动作的形成就越适应，做动作时就能表现出更高的灵敏性。网球运动中，攻防对抗条件不断变化，需要快速准确地做出应答动作，这些动作的展现与已经掌握的技能数量和熟练程度直接相关。

4.生理、心理状态

良好的心理状态对灵敏素质的发挥能起到积极的影响。只有坚毅、果断才能快速、协调地完成动作，更能表现出动作的灵敏性。遇事犹豫不决，就会使肌肉和神经都处于迟钝状态，影响到灵敏素质的发挥。另外，身体脂肪过多、体重过大、过度疲劳等不良生理状态，也会对灵敏素质产生直接影响。

（四）发展灵敏素质的原则

发展灵敏素质，除了必须遵循身体素质练习的一般规律以外，还应该注意遵循如下几点原则。

1.掌握时机，持之以恒

灵敏素质的发展与时间有关，一般来说青少年 7~13 岁是发展灵敏素质的最佳时期，但在 20 岁左右灵敏素质的发展仍有一定的潜力。只要安排得当、持之以恒，灵敏素质必然会提高。

2.综合训练，全面发展

灵敏素质是人的活动技能和各种身体素质在活动过程中的综合表现，有赖于其他素质的发展水平。因此，在选择训练内容、采用练习手段时，要充分体现这一特性，把灵敏素质与其他身体素质（尤其是速度、力量等素质）结合在一起练习。

3.区别对待，因人而异

不同的运动项目对灵敏素质有不同的要求和表现方式。训练中，应根据活动内容和运动项目的需要，采用与其相一致的手段和方法。如球类运动员多采用躲闪跑、"Z"字形跑、急停急起等手段提高灵敏性。当然，对于一般锻炼者而言，也应重视提高日常基本活动所需的灵敏性。

（五）发展灵敏素质的手段与方法

发展灵敏素质应从培养各种能力入手，如掌握动作的能力、反应能力、观察判断能力、节奏感等。应注意每次练习的时间不宜过长，练习的重复次数不宜过多，每组练习之间应有足够的休息时间，但以不影响神经系统的兴奋性为度，一般练习与休息的时间比例控制在 1：3 左右。另外，要合理安排训练顺序，一般来说发展灵敏素质的练习应安排在整体练习的前半部分，这时的人体力充沛、精神饱满、注意力集中，有利于灵敏素质的提高。发展灵敏素质应采用多种练习手段。

1.活动性游戏及球类项目练习

经常做活动性游戏和球类项目练习，以及各种类型的障碍跑、变向跑、侧身跑、后退跑练习，让练习者在跑跳中迅速、准确、协调地做出各种动作。如快速改变方向、各种躲闪、突然起动、急停、迅速转体，对视觉、听觉、触觉器官接收到的信号做出快速应答动作等。

2.不断改变练习条件

提高灵敏性必须创造多变的、非传统性的、新的联系。例如，改变动作的节奏和速度；改变完成动作的空间范围，缩小练习场地；改变完成动作的方法，如向后跳远，用相反的姿势完成动作；增加或减小阻力的练习；设置不同类型的对手；等等。

3.调整身体方位

训练者可以经常利用体操器械做各种倒立、翻滚、摆荡、转体、腾跃动作，这些练习可以有效地发展人体的本体感受能力、平衡能力和判断能力，从而发展灵敏素质。

4.不断更新学习内容

如果一个人较长时间忽视学习新动作，那么学习能力就会逐渐消退。按照新的、即刻决定的规定做出动作是发展灵敏素质的先决条件。因此，练习内容要多种多样，不断变化和更新。

第二节　网球运动的心理素质训练

在高水平网球比赛中，运动员的身体素质和技术、战术水平差距日渐缩小，竞赛的胜败在很大程度上体现了运动员心理素质的较量。因此，网球运动的心理素质训练是现代网球训练的重要组成部分，它同身体训练、技术训练和战术训练一起构成了现代网球运动的完整体系。

一、心理定位

作为初学者要知道，个人对网球的初级水平的认识、控制能力的范围都不能产生超越初级阶段的想法，要明白学习和提高都需要一个过程，根据技术的要求要有先后训练的重点。有些球员在学习中容易出现紧张的心理状况，上场后会出现注意力过分关注击球的结果，没有关心击球的过程等问题，所以心理定位就是要告诉球员，初级阶段只能这样想，上场也只能这样做了，只要这样做了，很快就能体会到网球的快乐，从而产生兴趣，积极投入到训练中来。初级阶段要做到以下心理定位。

（1）网球是游戏，不是竞技，在工作、学习之余锻炼身体，享受网球带来的快乐。

（2）网球强调动作的观赏性，首先考虑的是动作标准，其次才是比赛输赢的问题，这是为以后技术的提高打下坚实的基础。

（3）把动作完整、标准地做完以后，要关注击球的过程，要求做到眼睛看球，控制挥拍的速度。

二、心理误区

球员即使做了心理定位，上场以后，当看见来球时依然会产生各种不同的想法。在这种情况下，球员会根据个人想法打球，心理定位做了也没用。一开始的训练难以改变球员这种错误的想法，只是大多数情况下他们没有意识到自己在想什么，只会关心球是否能打过网去，这个"唯一标准"占据着他们打球时的全部想法，无法解脱，而无意识活动就更难认识到问题所在了。不管球员在打球的过程中有任何想法，只要出现问题就应该做深入分析，才能走出心理误区造成的心理障碍。训练时，将出现的各种想法记录下来并对照心理流程表检查，看看自己的心理出现了什么问题，意识到问题的存在，从而彻底消除心理问题。

（1）很多球员一开始学习网球，就想像职业选手那样大力击球，而职业选手的击球是通过一个长期艰苦的训练过程完成的。一旦实际击球效果没有达到预期，学习网球的兴趣就大大降低。而这种潜意识的心理活动是初学者无法自我意识到的，所以我们才要做心理定位。

（2）训练中，球员总是下意识地想要把网球打过网去，而下网球的出现，会使这种想法更加强烈。这种时候球员会不自觉地加力击球，会将注意力集中到击球的结果上，越打不过网力量越大，就越无法控制球，预想的结果与击球的结果完全不一样，就会进入一种恶性循环的怪圈。其实训练中只要关心击球过程中的技术要领，网球学起来就会很轻松。

（3）随着训练时间的增加和教练的反复提醒，球员会慢慢关注击球过程，但眼睛盯球和动作做完往往不能同时兼顾，成功率依然难以提高，可能进入心理误区。只有提高球员的自我察觉意识，才能有效避免进入心理误区的情况发生。

三、启动自我觉察意识心理障碍

初级训练中失误增加以后，球员会用自己的想法开始调整，这时候他们的认识也处在初级阶段，往往会导致越调整越差，从而出现心理障碍，导致球员在击球过程中出现"怕"的想法，或出现"我就不信打不过网"的固执想法。这时，教练的指导起着重要作用。教练应了解球员的想法，引导球员认识学习的过程是关注击球的过程，有了球员的积极配合，才能帮助球员克服心理障碍，尽快提高网球水平。

四、唤醒自我察觉的意识

教练的反复提醒为的就是让球员把注意力集中到击球过程上去：想着技术要领、眼睛看球、控制挥拍速度、动作做完。每一个击球动作都有一个标准，训练中常常达不到这些标准，教练可指导球员分析原因，从而对第二次击球作出调整。

五、心理对抗

当教练提醒球员动作没有做完、眼睛没有看球、没有控制住挥拍速度等时，球员却不理解，并依然用自己的想法训练，这样就形成了与教练的心理对抗。部分球员在学球过程中可能存在心理对抗。如果球员不能理解技术要领，击球后不分析、总结，就会在无意识的情况下进入心理对抗中，对技术水平的提高会起到严重的阻碍作用。消除心理对抗，对球员技术水平的提高有着重要作用。球员在打球前首先应经过思考想出正确的方法，再到球场上去打球，出现不足或错误之处，在教练提醒后，在第二次击球时有意识地改正，进而消除心理对抗，提高技术水平。

六、心理控制

当球员有意识地思考技术要领，在球场上能轻松自如地击球时，信心也就培养出来了，但是要做到心理控制依然很难。球场内外的因素，击球的成功率，都影响着球员的心理活动。控制心理活动的能力不强，与训练无关的问题就会时常出现。自我检查能使球员察觉自己的心理活动是否正常。击球时，心理活动失控导致的状态欠佳，球员应马上调整自己的注意力，启动击球程序，使自己进入心理控制中，这样成长的速度会变得非常快。

七、冥想训练

冥想训练是网球教学的一个重要单元。首先对学员的心理建立一个正确的概念，同时不断巩固和强化这个正确的概念，使学员尽快地进入状态。其次，"想与打"是同等重要的，学员冥想正确的技术要领，进而加深理解技术要领。在击球的过程中，不是每一次击球都能用到正确的技术要领，而冥想训练可以在没有球的情况下，给予球员充分的想象空间，加深动作的印象，而且不受时间和空间限制。每天利用 5~10 分钟的休息时间来做冥想训练，坚持一段时间一定会进入快速成长周期。

第六章　网球运动能力提升的措施

第一节　判断力

一、判断的重要性

判断包括在对手触球前预测来球的位置和使用这一信息合理回球。高水平的选手非常重视判断。

判断有两种类型：

（1）整体判断：预测对手在一定情况下要做什么。

（2）局部判断：预测对手不做什么。

局部判断非常有用，因为排除各种可能性后，选手可对来球做出更快的反应。

二、判断的类型和特点

一场比赛可能影响判断的用时：

（1）球从场地一端至另一端用时 0.4 秒。

（2）选手从起动到击球用时在 0.3~0.5 秒。

（3）回球手判断来球用时 0.2 秒。

判断的类型和特点见表 6-1。

表 6-1 判断的类型和特点

判断的类型	判断的特点
跟踪判断或感性判断	它包括预测对手触球后球的飞行路线及判断球在落地前后飞行路线的能力。观察来球的速度、高度、方向和旋转，必须考虑环境、风向、场地地面等条件。通常是在触球后产生这种类型的判断
临场战术判断	对手在一定的战术条件下习惯使用的回球、战术处理和打法类型表明，选手能够预见对手将要做什么（整体判断）或不做什么（局部判断）。观察对手有助于选手了解对手击球的规律
临场的几种判断	从对手在场上的站位就可观察到对手的意图。包括感性判断、临场判断、战术判断和技术判断，以及对场区、角度了解的深度。这一判断影响防守范围（换言之，就是封住来球角度的位置）和步法（跨步、起动、跑动、站位、复原）。这是一个感性—决定—实施—反馈的连续过程。它取决于选手经验的广度。通常是在触球前产生这种判断
技术判断和动态判断	通过观察对手的技术动作，如平衡、握拍身体动作或姿势、步法、站位姿势、抛球、击球类型等来预测选手要做什么（整体判断）和不做什么（局部判断）。此种判断通常在触球前产生

三、提高判断力及训练方法

（一）怎么提高判断力

对于初学者和中等水平的学生，可以使用训练用语或暗语帮助他们提前辨别来球，如旋转球（上旋、下旋）、球速（快速、中速、慢速）、高度（高球、平球、低球）、方向（左、右）、深度（深球、中场球、短球）等。

一名选手可通过对对手在别的场次比赛、练习、准备活动和比赛中的观察建立数据库。研究表明，有两种与选手水平有关的看球的方式。初学者是在球处于飞行线路最高点时看球，而高水平的选手是在球处于飞行路线第一阶段时看球。

可以提高判断力的途径：判断的专项训练、增加比赛的次数和类型、根据处理问题和有效提问的技能改进教学方式、安排训练时尽量贴近实战。

　　重要的是，选手根据以下因素提高某些"观察"技能：选手在场上的站位、对手的握拍和姿势、球（弹性好/不好）、挥拍动作（幅度大/小、高/平等）、击球位置（底线外、一侧、底线内、靠近身体、远离身体等）、对手身体动作（对手的手臂是帮助判断的最好助手）、击球（轻击、猛击）时的声音。还要考虑比赛中出现的精神"压力"对选手们的知觉和判断力产生的影响。

　　使用组合的判断训练可以帮助练就一手好的、实战中适用的击球技术。

（二）多球训练提高判断力

　　（1）教练员向网前选手送出不同类型的击球。击球20次后该选手必须说出教练员送球过程中他所观察到的有关意图。

　　（2）教练员从网前向底线上的选手送出不同类型的击球。每送一次球，教练员必须移至左发球区或右发球区，然后该选手必须将球击向相反方向。

　　（3）做法同上，教练员从发球线向选手的正手和反手各发10个球。20次接发球后，该选手必须说出他对两种类型发球所观察到的有关意图。

第二节　旋转

　　了解球的旋转性能，对提高网球运动员的运动技术水平是很重要的。如果运动员挥拍击球时作用力线不通过球心，那么球就会带有旋转的性质。平击球的作用力线通过球心，打过去的球不带旋转。但打球时不可能绝对平击，或多或少地总会带一定旋转。旋转的球是沿着一定的旋转轴来转的，如果这个轴是横轴（左右轴），开始时球的上半部绕此轴向前旋转，即产生上旋；若开始时球的上半部绕此轴向后旋转，即产生下旋。如果这个轴是竖轴（上下轴），开始时球的右半部绕此轴向右旋转，即产生右侧旋；若开始时球的右半部绕此轴向左旋转，即产生左侧旋。如果这个轴是矢状轴（前后轴），球按顺时针转动为顺旋，球按逆时针转动为逆旋。实际上，球完全地按横轴、竖轴、矢状轴转动是少见的，多半带有侧上、侧下的性质。下面分别按上旋球、下旋球、侧上旋球、侧下旋球的特点简述如下。

一、上旋球

上旋球是绕横轴（左右轴）向前旋转的。在上旋球飞行期间由于球受重力和空气阻力的影响，其飞行弧线比不转球要陡一些。就是说下落速度比不转球要快，上旋越强则越明显。当球落地反弹后，球有一定的前冲力。现在流行的正、反手拉上旋球，就是充分利用这个道理使球更具威力的。一个极强的上旋球在空中飞行时，如果下落速度很快，即使在打出较高弧线的情况下，也很少会造成出界现象，这样可以避免由于击球弧线高而球被打出界外，我们常说拉上旋球能提高稳健性，拉球的安全系数高就是这个道理。上旋球落地后，球仍带有极强的上旋性质。由于旋转球形成一定角度落到地面，球的底部受向后反作用力的影响，因而增加了球向前的速度，即表现出更强的前冲力，这种力对于还击来球的对手来说具有很大的威胁性。上旋球与不转球比较其反弹角有所减小。

当球旋转飞行时，球遇到对面的空气，形成一个小小的空气边界层，围绕着它旋转。上旋球飞行时，空气边界层沿着球的周围向前旋转，与对面的空气相互作用后，在球的上方产生一个比球的下方高的压强。因此：

（1）上旋球比不转的球的飞行弧线更陡一些，下落速度更快一些。上旋越强飞行速度弧线越陡。

（2）球落地反弹后有一定的前冲力。上旋越强前冲力越大，威胁性也越大。

（3）上旋球击球弧线越高，出界机会越少，击球稳健性越强。

二、下旋球

下旋球是绕横轴（左右轴）向后旋转的。在下旋球飞行期间，由于球受重力和空气阻力的影响，其飞行弧线比不转球要平直一些，就是下落速度比不转球要慢一些，好像球增加了一定的浮力，下旋越强则越能显出来。当球落地反弹后，球的前冲力会减弱，反映出下旋球只向上弹跳，而向前弹跳不多。这一点与上旋球有较明显的差异。

下旋球是用削击方法打出来的。当对手在底线时，用下旋球放出轻而浅、角度大的球是颇具威力的。用下旋球接发球可减弱对手发球的速度。另外，在底线用反拍下旋球在防守上也有积极作用，它能在强大压力下控制住球，并将球送至底线深处。球速减慢有时也会打乱对手击球的节奏。

下旋球飞行时，空气边界层沿着球的周围向后旋转，与对面的空气相互作用后，在球的下方产生一个比球的上方高的压强。因此要注意以下几点：

第一，下旋球比不转球的飞行弧线要平直一些，下落速度要慢一些，下旋越强越能显示出这一特性。

第二，球落地反弹后，球的前冲力会减弱，从而反映出下旋球向上弹跳多，向前弹跳不多。

第三，下旋球对于放短球和用截击方法还击大角度球是颇具威力的。

这里应当特别指出的是下旋球反弹的规律，如果下旋球落地的入射角大于 45°，则其反弹角会大于入射角；如果入射角小于 45°，则其反弹角就会小于入射角。这是由于地面给予球的反作用力不同而形成的。另外，无论打出的球开始是上旋还是下旋，其落地反弹后，均以上旋形式弹起，这是由于地面具有强大的摩擦力而形成的。

三、侧上旋球

侧上旋球是绕一个斜轴向左前上方或右前上方旋转的。飞行期间的弧线略偏向左侧或右侧，由于它具有侧上旋性质，在球落地反弹后，有略向左前或右前的冲力。侧上旋球是球拍擦击球的侧面同时附加向侧上用力而产生的，它用于发球，可以使接球员被拉出场外或直接得分。在网前使用也有较好效果，底线拉上旋球有时也可略带侧旋性。

四、侧下旋球

侧下旋球是绕一个斜轴向左后下方或右后下方旋转的。飞行期间的弧线略偏向左侧或右侧。由于它的侧下旋性质，在球落地反弹后，会略向左上或右上弹跳，球的前进力小，速度降得慢，跳得高。侧下旋球是球拍擦击球的侧下部位而产生的，用于发球可提高稳定性。在网前截击球用削击打法，可打出大角度球。比赛中经常变化打法，时而拉上旋，时而削侧下旋球，可改变对方击球节奏，夺取主动。

当右侧旋球飞行时，在空气分界层和对面的空气之间发生冲撞，侧面球的右侧形成一个比左侧高的压强，因此在飞行过程中，球向左侧偏斜。左侧旋转与此相反。

带侧上旋性质的球，飞行过程球略向侧偏斜，落地反弹后有偏向左前或右前的冲力。

带侧下旋性质的球，飞行过程球略向侧偏斜，落地反弹后略向左上成右上弹跳，球的前进力小，速度降得慢，跳得高。

第三节　移动与平衡

一、移动

如果没有及时地移动到击球的位置，就不能使用合理的技术。但是，运动员更多的是对技术的意识，而不是来球。场上有效的移动需要运动员能平稳地改变方向和速度。

（一）滑步

高水平运动员在对手开始做前挥动作时会做一个滑步动作。此时，运动员身体处于一种"中立"位置，这样就可以做好向各个方向迅速移动的准备。

要有效地做好滑步动作，就需要两脚分开约与肩同宽，腿部微曲（40~50°），上体略前顷，重心落在两个前脚掌上。迅速、轻微地屈膝，做一个滑步动作以至于一瞬间感觉不到地面的存在。这一现象称之为"失重"。如果你有滑雪的经历，且老师让你的重心略微向上，紧接着屈膝"降低"髋部，你就会感觉到这种现象。我们可以通过下面这一现象来说明失重：当你站在浴室磅秤上迅速屈膝降低重心时，会看到秤显示的重量突然减小；在你突然停止并蹬秤开始做出一个向上的动作时，秤上所显示的重量将会超过你的实际重量。

秤上所显示的额外重量就是整个身体协调用力迅速蹬地的原因。地面的反作用力对于减速向一个方向移动和加速向另一个方向移动非常重要。

（二）移动的第一个动作和身体角度

在移动时，我们通常会过多地强调脚的动作，而不太注重上体的动作。实际上应该是腿和上体的协调用力。在截击时，教练员会告诉运动员"先截击，再上步"，而不是"上步然后截击"。这些主要是表明启动动作应该是上体而不是腿。在腿部移动前，上体应首先向要移动的方向前倾，在底线击落地球时同样如此。因此，要有效地移动，运动员就需要很好地协调好上体和下体动作。躯干看起来很僵硬的运动员在场地上移动会很慢，因为他们很难轻松地改变方向、急停和急起。

身体角度（肩向前超过髋）使身体重心由后向前移动，换句话说，就是线性动量。这通常会获得更好的控制和更大的力量。在接近和结束击球后，"向来球倾斜"会使挥拍轨迹平稳、击球区更长且更稳定。球拍和身体的这一线性动量可以增加击球的力量并有利于向来球移动。如果移动不好，就不得不花费更多的准备时间。因为是在用手打球，而不是脚和身体。移动较好的运动员可以保持较好的身体姿态。他们的身体柔韧性较好，就像橡皮泥。

（三）移动中的第一步

第一步在网球运动中非常重要，因此快速的、爆发式的启动非常重要。与地面快速、短暂地接触将会使爆发式启动效果更好。瞬时双脚蹬地的力量越大，第一步爆发式启动就越快。这样就可以提前到达击球位置，并有向来球滑步的机会，就能在击球时更好地保持动态平衡。

网球运动员在发球或接发球时，调整身体位置所应用的"第一步"对击球的成功非常关键。尽管对于第一步的重要性强调了很多次，但关于如何提高第一步技术的文献资料却不多。第一步的观念已超出了身体素质的范畴。如果你了解网球比赛，你就明白要尽量减少对手接发球、击落地球和截击的可能选择。在了解了这些的基础上，你就必须"读懂"对手的击球选择和预判下次的击球位置。预判能力是优秀运动员和顶尖选手的区别所在，同时决定了顶尖选手间的比赛结果。谁能更好地预判对手的击球，谁就能更有效地回击球，并迫使对手将球打向自己期望的位置。这是教授运动员时最难的部分，通常是依靠经验，但更多的还是训练的结果。

"第一步有很多种形式"。基本的移动选择由环境决定。最重要的是，第一步移动一般是通过小的"反向移动"或快速地降低身体重心来完成。腿部力量在这个过程中起到很重要的作用。基础力量训练之后做一些步法和小强度的增强式训练是提高第一步力量的最好办法。

二、平衡

（一）平衡和准备姿势

在教授网球运动员基本的移动技术时，平衡是最常使用的一个词。平衡有两种形式：第一类是"静态平衡"。静态平衡是身体保持平衡的能力，当身体重心在支撑面时，就处于平衡状态。不管怎样站立，支撑面是指连接脚尖和脚后跟这个虚构的面。比赛时，由于双脚时刻处于不同的位置，因此支撑面也有很多种形式。双脚有时并立、错列，有时在一条线上。当双脚并立与肩同宽时，你应该稍微弯曲髋部和膝盖，并使上体保持直立。此位置支撑面最大，身体也最平衡。最佳的"准备"姿势就是抬头、躯干挺直、髋部和膝盖微屈，两脚分开略宽于肩，重心在两前脚掌上。

在接发球时，保持这个"平衡"姿势非常重要，这样可以对对手的各种发球类型做好回击准备。为了能够有效地接发球，不仅要做好身体上的准备，还要做好最佳的心理准备。你必须相信你能够将球接回去，形成对各种发球做好准备的习惯，并且要学会分析对手的发球动作。从身体上来讲，优秀的运动员在准备接发球时会移动到一个最佳的平衡状态，即在准备姿势的基础上再略微降低身体重心，这使接发球运动员的身体能保持稳定地朝各个方向移动。

（二）改善平衡和准备姿势的练习方法

与同伴相距 3~5 米面对面站立，手持实心球在体前采用发球—接发球的准备姿势。两腿"跳步"，两脚间距略比肩宽，屈髋和屈膝以降低身体重心，朝一个特定的方向移动。外侧脚向该方向跨出，保持身体直立。

身体作为一个整体转动，手、手臂、肩和躯干转动使球向后到球拍的准备姿势，使髋部朝向回击球的方向。

回转髋部并将球投向同伴。保持头部静止，转动肩部。做 5 次或 6 次投实心球练习，然后尝试用球拍来接发球。来回交换重复 15~20 次。

（三）击落地球的平衡和力量

为了大力正手和反手击落地球，运动员必须保持身体平衡来确保下肢充分蹬地。用力蹬地时，地面就会产生一个反作用力并通过腿和躯干传递到击球上。这就是著名的牛顿第三物理定律"作用力和反作用力"。为了确保身体重心在支撑面上，你必须采用"站立"的姿势来保证身体直立。这样在击落地球时才能保持更好的稳定姿势。

（四）动态平衡的力量训练方法

1.改善动态平衡的力量训练

力量训练有助于提高两种形式的力量，这两种力量对场上的移动都非常重要。第一，是离心力，其对减慢身体移动速度和控制身体重心的降低非常重要。第二，与减速相反的就是加速，它是由向心力的大小来控制。这两种力量形式在"下降"或减小阻力，然后改变动作方向或"上升"时可以得到提高。因此，下面关于下肢的一些训练方法对于发展力量非常有利。

（1）颈后深蹲；

（2）颈前深蹲；

（3）颈前深蹲推举；

（4）哑铃分腿挺举；

（5）剪蹲系列：向前、半蹲、侧蹲、交叉。

2.场上提高动态平衡的方法

对于提高动态平衡的一些有效的场上练习有：

（1）实心球短式网球场地练习；

（2）步法与重心移动练习；

（3）高—低练习法；

（4）场上"8"字型练习。

做完准备动作之后，应调整步法改变方向。侧向改变方向在网球场上非常重要，因此提高此方面能力的训练应包括在每次的训练计划中。

在比赛时，如果我们仔细观察一下运动员在底线的移动，会发现他们经常使用两种移动技术：

（1）并步。两脚在同一水平面移动，外侧脚蹬地，使身体重心朝相反的方向移动。

（2）交叉步。两脚在同一水平面滑动；两脚交叉向后蹬地改变移动方向。

每一个移动都需集中一只脚用力蹬地，以便地面的反作用力通过腿传递到身体。第一次学习或提高此能力时，需要心理上的集中和注意。年轻的运动员或新手应养成好的习惯和学习正确的移动力学原理。一旦学会了基本的移动模式，就应该强调单位时间内的步频和步数。有效的、快速的步法有助于提高击球间的还原速度。

3.提高侧向改变方向的训练和步法练习方法

下面的力量/步法练习有助于提高侧向改变方向的能力：

（1）个人快速移动（前、后退，侧面，交叉，后撤步）；

（2）横向跳跃锥形物；

（3）六角形练习；

（4）侧向跨越盒子；

（5）30—60—90秒盒子训练。

网球运动员应尽量避免静态训练。每个练习方法都应能提高比赛的感知、预判和注意力的能力。

4.提高侧向改变方向的场上移动练习方法

下面一些场上移动练习有助于提高侧向改变方向的能力：

（1）14米往返跑；

（2）蜘蛛跑；

（3）菱形跑：交叉放置 5 个锥形体，然后从一个锥形体跑向另一个锥形体（每触及一个锥形体就要改变跑动模式）；

（4）肌腱练习；

（5）正手击球。

5.土场上如何保持平衡

动态平衡在不同的场地上有不同的作用，但在土场上更重要。土场的学习是一项单独的技术，需要从场地一边移动到另一边来滑步击球。如果没有掌握此项技术，击球后通常需要多出 3~4 步来还原。

更准确地说，应在滑步中击球，然后用外侧或支撑腿交叉，利用还原步法回到底线中间。

如果采用开放式正手击球，应向来球移动，然后把脚放平并与底线平行。这会使身体重心突然到达支撑面的边缘，容易产生身体和脚拱起来的现象，发生不自然的停止动作，在滑步的过程中也可能发生这种情况。

滑步时，身体要保持一个稳定的姿势，上体保持直立，身体重心均匀地分布在两脚之间。当然，一个有效的滑步动作的关键是滑步前的跑动速度。缓慢地跑动不能获得足够的惯性来进行或保持滑步动作。

第四节　速度与力量

一、速度

速度是指运动的物体在某一个方向上单位时间内所经过的距离，它泛指快慢的程度。对网球运动来说，有技术方面的动作速度，如拉拍早、摆速快、击出的球速度快等。另外，还有反应、判断、移动等方面的速度。当对方场上出现空当时，运动员把握时机凭借打出的角度或击球力量创造得分机会，在这种情况下，就要看运动员在判断、反应、移动、截击和击球速度方面的快慢了。速度快的运动员会得心应手将球适时还击过去，在速度上取胜对手。使用截击球回球速度最快、威胁性也最大。其次是回击落地球时，应尽快提高挥拍速度，以增大击球爆发力。另外，压低球飞行的弧线，缩短球在空中飞行时间，也能使球速加快。再一点，加强专项速度素质训练，有助于提高反应、判断和移动速度。优秀的网球运动员上网速度快，击球速度高，爆发力强，另外他们的移动速度非常快，步法灵活，不仅能迅速跑到击球位置，而且能够及时到位，甚至快速提前到位。这与优秀网球运动员具有良好的反应、判断和移动速度是分不开的。

网球运动中的击球速度体现在三个方面，第一是击球动作的快与慢，第二是击球动作的早与晚，第三是击出的球所走的路线的长与短。在同一位置击球时，速度快的挥拍击球动作比速度慢的挥拍击球动作所获取的击球速度要快；而以同一个动作击球时，击球位置越靠近网前所获取的击球速度越快；在同一位置，以同一动作击出相同的球速时，球由击球点到落至对方场内地面所走的路线越短，速度越快。在网球比赛中速度的快慢最终体现在运动员击球后给予对手击球的准备时间的长短，对手准备击球的时间越长，说明你的速度越慢；反之则越快。

（一）不同场地的速度

网球场地的多样性极大地影响了网球的打法。利用不同场地速度的不同，形成了几种区别非常明显的打法。为了说明草地球场、硬地球场和红土地球场这三种场地的主要区别，可以通过测定一个标准的网球在这些场地上的反弹角度来研究。在所有情况下，球以同样的速度（30 米/秒）和同样的角度（16°）撞击到场地上。从数据中我们可以得出下面一些结论：

慢速球场（如红土地球场）：球的反弹角度较大（较陡）。

中速球场（如丙烯酸硬地球场）：球的反弹角度基本正常。

快速球场（如草地球场）：球的反弹角度较小（较缓）。

（二）反应时间

我们有必要介绍一下"反应时间"的概念。反应时间就是运动员对对手的回球速度、角度和飞行轨迹作出判断的时间以及采用正确动作回球的时间的总和。球离开对手球拍落到自己场地的时间在所有场地都是一样的。"慢速""中速"和"快速"球场反应时间的区别就在于球和场地相互作用的时间。

由于球和场地的相互作用，球的反弹角度在不同的场地上会有所不同，由此我们可以得出下面的结论：其他条件保持不变，球的反弹角度较大（较陡）就会给运动员更多的反应时间，如红土球场；其他条件保持不变，球的反弹角度较小（较缓）就会给运动员更少的反应时间，如草地球场。

例如，"慢速"球场究竟比"中速"球场慢多少呢？运动员在红土球场和在丙烯酸硬地球场的反应时间有什么区别？最初的研究表明，使用一个标准尺寸和压力的网球发球，速度为 193 千米/小时（120 英里/小时）的反应时间如下：

红土球场——0.678 秒；

丙烯酸硬地球场——0.640 秒；

草地——0.038 秒。

运动员在接发球时的有效反应时间为 0.3~0.4 秒。红土球场和中速球场或者中快速硬地球场的反应时间差别仅仅为 0.03~0.04 秒，还不到总反应时间的 10%。

（三）动作速度

训练时另外一个需要着重考虑的概念是，在做某一具体的移动模式时关节的速度。例如，在走路时，膝关节的角速度大约为 240°/秒。在发球的加速阶段，肩关节的转动速度可以超过 2500°/秒。举一个相应的例子，发球时肩关节向内的转动速度与时速为 51 千米/小时的自行车车轮的转动速度差不多。为了控制如此快的动作速度，肌肉工作必须非常协调，无论是缩短还是加长，或者是快速地重复。表 6-2 包括了网球击球动作一些上肢角速度的信息。

表 6-2 网球运动员中上肢的角速度

动作	发球肩内旋	发球肘部伸展	发球屈腕	正手击球肩内旋	反手击球肩外旋
角速度	1000~2500°/秒	1700°/秒	315°/秒	350~750°/秒	350~650°/秒

二、力量

以同一动作在同一位置击球时，球被击出后的速度的快慢，我们通常称之为击球力量。击球力量与以下因素有关：（1）击球时挥拍速度——球拍击球时球拍的摆速越高，击出的球就会越快。（2）击球时球拍接触球的拍面位置——此点越接近最佳弹力点击出的球速就越快。（3）击球人的爆发力的大小——爆发力大的人在击球时所释放出的动量大，击出的球速就快。对手在回击球速快的球时，其准备时间短，调整和控制球拍的难度加大，击球的准确性和击球力量等都会受到影响。学生在学习时应通过对肌肉爆发力的训练和提高击球准确性等方面的训练来达到提高击球力量的目的。

网球运动员使用球拍击球时，飞行着的来球其本身具有一种速度，另外挥拍过程中，被挥动着的球拍也有一种速度，当来球和球拍碰撞时，由于这两种速度大小不同，因而产生了击球发力大小的差异。击球发力是如何区分的呢？它可以分为发力击球、借力击球和减力击球。上面谈到了两种速度，一种是来球本身的速度，另一种是挥拍速度，当撞击来球时，如果来球速度小于球拍挥动速度，就形成了发力击球；若来球速度等于或大于挥拍速度时就形成了借力击球。在网球场上经常看到打刚落地的反弹球多属借力击球，因为来球反弹冲力大，挥拍速度小，拍撞击来球时是靠来球本身的速度将球还击回去。如果来球速度大而挥拍速度小，并且是负值（这里说的负值指球拍不向前挥而是向后作缓冲动作），这种打法叫减力击球。击球动作运用得当，动作合理，运动员在比赛中无论是使用发力击球、借力击球还是减力击球都能取得良好的效果。

这里专门谈的是发力击球时的最佳时间，它不包括借力击球和减力击球。我们注意到运动员挥拍击球过程中的各个不同时刻，或者说球拍所处的各个不同位置其瞬时速度是各不相同的。当运动员从引拍后摆转入向前迎球挥拍的这段时间内，球拍挥动的速度是有变化的。开始向前挥动时速度逐渐加速；当球拍撞击来球时，应该继续挥拍加速，以稳定的击球结构把球送出去，我们可以称为加速阶段；当球拍撞击来球后，拍速就会逐渐减慢，最后至挥拍结束，这段时间称为减速段。如果运动员在挥拍期间利用瞬时速度最快的时刻将球击出，则力量最重或旋转最强，这就是发力击球的最佳击球时间。要提高击球的爆发力，应力争在挥拍的最佳击球时间，即球拍瞬时速度最快的时间使拍撞击来球。瞬时速度也叫即时速度，是指运动物体在某一时刻的速度，这里的时刻指的是球拍与球撞击的这一瞬间。此时击球爆发力最大，若将这个力用在撞击或摩擦球上，可以提高击球质量，加快球速或增强旋转。

三、爆发力和速度的训练方法

网球运动员训练的目标之一就是提高爆发力和速度。关于提高爆发力和速度的一个常见的错误说法是，只要使用一个哑铃或力量器械以最快的速度来训练就可以达到目的。这些传统所使用的方法并不适合最快的速度，而且也不安全。因此，教练员和力量训练专家有专门的训练方法来提高速度和爆发力。

从技术上来讲，肌肉爆发力是肌肉以较快的速度或者短时间内的工作能力。网球运动中一个爆发式动作模式的例子就是发球时肩部内旋动作，或者采用发球上网时，跑步之前运动员快速蹬地向前的移动速度。如果这些动作仅仅以很慢的速度来做，成绩明显会受到很大的影响。

（一）增强式训练法

增强式训练法是一种提高爆发力和速度的训练方法，已经在许多运动项目中应用。这种训练方法最初在东欧国家使用，然后迅速传遍世界。增强式训练法首先通过离心或伸长收缩来拉长肌肉长度，然后紧接着向心收缩或者缩短收缩。与传统的单一向心收缩训练相比，离心收缩可以增加向心收缩时的力量和爆发力，使向心收缩更快、更有力。离心收缩和向心收缩之间的短暂时间间隔被称为补偿期。增强式训练法的目标就是提高速度来尽量缩短补偿期的长度。

增强式训练法非常适合网球运动员，这种肌肉的动作模式在网球运动中随处可见。

1.增强式训练法在下肢的应用

当一个右手握拍运动员采用开放式正手击球时，右腿肌肉最初发生离心收缩，股四头肌开始竭尽全力储存能量，减慢侧向移动速度来保持身体稳定和平衡，以完成正手击球。在球拍前挥加速时，股四头肌立即发生向心收缩将能量传递至臀部、躯干，最后到上肢。这一收缩次序就是一个典型的增强式训练。

网球运动中的增强式训练既可以在场上进行，也可以在力量训练房或场下进行。场上增加侧向移动速度和爆发力的增强式训练就是"交替跳跃"。这一练习方法是运动员站在一条单打边线上，然后以最快的速度来回跳跃或弹跳，交替地触及单打边线和双打边线。

场下下肢的增强式训练法可以用跳箱练习。在这一练习方法中，运动员从 46~61 厘米高的木头或金属箱向下跳。在运动员落地时，股四头肌和小腿肌肉（腓肠肌和比目鱼肌）会发生离心收缩，然后运动员立即以最大力量向上跳，肌肉发生向心收缩。跳箱练习方法也有很多变化，可以将跳跃或往返跑结合起来模仿各种运动模式。通常情况下，增强式训练法应该增加或者整合到网球运动员的整个训练计划中，并且在运动员具备了基本的肌肉力量之后再开始使用，因为这种训练方法需要最大的肌肉工作能力。

2.增强式训练法在躯干的应用

在发球时，运动员背弓伸展背部，这使腹部肌肉发生离心收缩，有助于稳定脊柱。背部伸展之后，腹部肌肉立即发生收缩使脊柱弯曲。如果要专门练习这一收缩形式，运动员和教练员可以使用实心球来练习腹部肌肉。在运动员训练计划中，实心球练习可以给运动员传统的仰卧起坐腹部练习增加一些变化。

（二）另外几种爆发力和速度的训练方法

还有几种训练方法也可以提高运动员的速度和爆发力。一个经常使用的方法就是使用阻力绳训练（也叫运动绳）。将绳拴在运动员的腰部，在场上和场下都可以进行速度和爆发力的训练。有一个练习是用来发展侧向移动速度的，即教练员抓住绳子的一端，运动员以最快的速度、尽自己最大的努力来侧向移动。绳子的阻力确保给发展速度和爆发力的肌肉施加超负荷。

另外一个经常用来恢复爆发力和速度的场下训练方法是等动训练法。这一方法使用等动练习器来进行，与其他的阻力训练设备不同，练习的速度保持不变，而阻力在变化。等动练习器可以使训练以更快、功能最佳的速度来进行，对发展高水平运动员的旋转肌非常有用。

第五节　心理特征

作为体育教学训练，尤其是竞技运动的网球运动，近年来发展非常迅速，竞争日趋紧张激烈，要求越来越高和全面。网球运动专项对练习者身心发展有特别的促进功能，长期参与网球训练的个体会表现出特有的专项心理特征。研究和把握网球运动专项的心理特征，对进行心理选材和有针对性的教学训练及运动竞赛的心理指导有重要意义。

一、"球感"

"球感好"是长期参与网球训练和高水平网球竞赛运动员表现出的突出的心理特征之一，也是打好网球必备的心理基础，是从事网球活动最基本、最重要的心理要求。

网球专项运动中的"球感"是个体在长期从事网球专项运动实践中形成的对网球、球拍，尤其是对持拍手臂肌肉用力击球时的精细分化的专门化知觉能力。它的特点是对球、拍、肌肉用力的各种物理、生理和时空、运动等特性达到了高度精确的感知与精细分化的发展和支配程度。

网球专项运动中的"球感"主要包括球性感、球拍感和手感三方面的基本内容：

球性感主要指的是运动员对网球的各种特性，如球的弹性、轻重，在不同温度、潮湿度等环境下，用不同角度与不同力量击球时球的空间运动速度、方向与线路变化等特性的感知能力达到精细化发展的程度。

球拍感主要指的是运动员对网球拍的特性认识，如球拍的形状、大小、重量、弹性、灵敏度和人与球拍之间的各种时空特性与运动特性等的感知能力达到精细化发展的程度。

手感主要指的是运动员对完成击球动作中人的生物运动学的特性，如各种握拍、引拍和击球瞬间相应的大小关节和肌肉活动的能力达到精细化发展的程度。

网球运动技术的核心是击球，即练习者通过操纵球拍完成各种各样的击球动作。如能准确地感知和判断来球的运行轨迹及速度、高度、弧度、旋转、落点，练习者就能迅速移动到理想的击球位置，与来球和即将要完成的击球动作形成最佳的时空关系，做好击球的准备姿势，掌握好击球时机，协调用力，并控制好击球瞬间的拍面、击球点和指、腕、臂肌肉发出的力量，使击出的球飞行路线及落点准确到位，实现练习者的技、战术意图。

构成"球感"的分析器有许多，包括肌肉运动感觉、视觉、听觉、触觉、平衡觉等。击球时，这些感觉分析器的联合协调活动，将内、外信息传至高级中枢进行分析综合，形成了人、拍、球、场地的运动与时空知觉的特定组合。久而久之，发展为网球运动专项的专门化知觉——"球感"。

任何网球技术都有其动作要领。技术动作要领掌握得好坏、快慢，与练习者的"球感"有直接关系。"球感"不仅影响技术动作的掌握，而且还影响击出球的质量和落点的准确。"球感"好，可使练习者得心应手和随心所欲地进行各种形式的击球。"球感"是技术水平获得高度发展并出现竞技状态的心理标志。"手上有感觉"能增强练习者灵活自如地运用技术的信心，技术应用得心应手、游刃有余，还可以使练习者将注意力更多地集中到观察、揣摩对方，选择最佳技、战术打法上。因此，球感是各种水平网球运动参与者必备的心理特征。

二、直觉性运动思维

高水平网球运动员在运动场上表现出的另一心理特点是他们能够在很短的时间内作出更快、更有效的反应，即他们的心理和动作敏捷性好。在快速、激烈对抗、瞬息之间千变万化的竞赛中，优秀网球选手之所以能够在极短的时间内，完成准确感知对手的意图、精确判断来球状态、迅速决策并做出正确回球动作等行为，直觉性运动思维发挥着重要作用。

直觉思维是一种由感知直接跳跃至结论的思维，它没有逻辑思维的复杂推理过程，它能直接、快速地领悟出复杂情境中熟知的事物对象，是逻辑思维的"概括化"和"简缩化"。

优秀网球运动员直觉性运动思维中具有更多的"基于内部信息"的条件概念，表现出典型的"自上而下"的加工方式，即他们拥有更多的与专业知识和专项运动经验相联系的、结构性的运动知识和解决实践问题的心理因式（如刺激—反应的固定联结）。这些将会增加他们对外部信息进行感知的理解性，提高感知的效率和预测性，缩小作出决定时的搜索范围，在复杂的赛场环境中按简单反应的原则采取行动。

　　另外，优秀网球选手具有更多的"条件—行动"概念表征，表现出"产生式"思维的特点，即他们拥有更多的在不同情况下如何完成网球技术、战术打法的程序性知识和经验，拥有预先储备的"条件—行动"产生系统，在面对问题情境时能够快速熟悉线索，提取、匹配相应而具体的操作反应，更高效地解决问题。

　　由于要完成直觉性运动思维和动作，网球运动对参与者的注意强度和稳定性提出了极高的要求。在瞬息万变、稍纵即逝的情境中，运动员的注意力必须高度集中；在比赛的整个过程中，在身体疲劳的情况下，在裁判员、观众、媒体以及各种环境因素干扰中，运动员都要保持高度的注意集中性。如果在速度快、变化多的网球竞赛中产生注意分散现象，尤其是在对手击球的一瞬间，"盯"不住对手的击球动作，将导致反应迟钝、动作迟缓，错过回球的最佳时机。因此，在准备迎接对手击球的时刻保持注意力高度集中是网球练习者直觉性运动思维的重要条件之一。

　　优秀网球运动员的直觉性运动思维是在长期训练和比赛中获得的，各种最佳反应的表现是从千万次实践中总结、提取出来，再经过训练、比赛固定下来的。只有经历大量的正误操作反应的反复对比、选择，对各种线索的整合与熟知，运动员才能够在对手刚刚完成击球动作后，迅速做出最合理、最恰当的反应动作。因此，优秀网球运动员的直觉性运动思维也是通过长期实践不断思考摸索形成的。

三、运动情绪

　　网球运动是使练习者的情绪体验产生较为深刻、变化起伏较大的一项活动。参与网球运动必须与对手进行直接较量，胜负关系到自己的或更广范围的荣誉，双方求胜愿望强烈，心理紧张性和敏感性高。而网球比赛的比分变化大，领先与落后转换多，且竞赛者的思维、情绪和行为易受裁判员和观众及场地环境的影响。复杂的变化和参与者的认识、期望，与剧烈的生理反应交互影响，使参与者可能产生的想法增加，进而生成强烈而多变的情绪体验，其作为最活跃的主观因素之一影响着练习者竞技水平的发挥。

　　网球比赛在实力相当、比分接近或决定胜负的关键时刻，每得 1 分或失去 1 分，以及造成得分与失分的情境与因素，均可能使竞争者出现积极或消极的想法，产生增力或减力情绪，进而造成运动表现的起伏变化。这种变化在网球运动竞赛中表现得非常频繁，常体现在主动、被动和优势、劣势的转化之中，已成为网球运动的特点之一。只有那些认知境界高、胜负观正确、思维杂念少、情绪调节能力强的竞赛者才能较好地调控好自己的心态与情绪。

四、运动意志

网球运动是持续时间较长的项目之一，双方水平越高，实力越接近，竞争越激烈，体能消耗也就越大。为适应网球运动的体能要求，教学训练的负荷越来越大，对练习者的意志品质要求也越来越高。在来回球很多、反复奔跑、多次挥拍击球中，得分或获胜者往往是那些意志顽强、坚韧不拔、坚持不懈者。

网球运动对参与者技术动作完成的准确性要求高，必须经过重复训练，才能获得稳固的动力定型和准确的专门化运动知觉。因此，练习者要具备能够忍受长时间单调、枯燥技术练习的意志品质，耐得住寂寞、经得起"打磨"。优秀网球运动员能够认识到"一分耕耘，一分收获"的含义，能表现出"精益求精"的训练态度，主动适应一堂课数百次完成同一技术动作的单调练习，将每一拍练习都看作是成功的积累，因而化枯燥为乐趣，乐此不疲。

不论是网球单打还是双打的教学、训练及比赛，参与者都要具备独立作战的能力，既要独自作出决定、处理各种问题，又要独自承受各种结果及其带来的影响。长期从事网球训练的个体，表现出了较强的适应外界刺激干扰，承受内外压力，忍受精神负荷，在高度紧张情境中保持冷静、果断、坚强的品质，敢打敢拼，不畏强手，敢于承担责任。

网球运动中，主动与被动、领先与落后经常交替出现，水平越接近，变化越频繁，情绪体验越深刻，网球赛制一般为三盘二胜，前面比赛的结果会引起运动员的情绪变化，从而影响后面的比赛。因此，运动员必须用意志控制住自己的情绪变化。优秀网球运动员在激烈竞争的比赛中，能够保持良好的心理状态，面对"白热化"的局面，能表现出高度的自制能力。

五、个性心理特征

一般而言，各种个性心理特征的个体均可参加网球训练，而且不同个性心理特征的网球运动员均可达到高水平的运动表现。个性心理特征可能与练习者掌握技术的速度快慢有关，与运动员的打法风格有一定关系，并直接影响个体的行为表现习惯。作为教师或教练员，掌握网球运动练习者的个性心理特征，有助于因材施教，有针对性地进行指导和管理。

第六节　其他因素

一、时机

时机不仅指在回击任何球时，正确击球点与击球动作的同步性的调整，而且指身体不同部位的协调。即协调链的"时机"，这样就可以有效地控制球和获得力量。为了做到这些，身体放松是非常重要的。相应的击球时机取决于身体各个部分的"协调能力"，不同情况下对协调性作用的意识，以及对每一部分运用的了解如何。

时机掌握较好的运动员，有较高的一致性和较好的控球性；可以在不太费力的情况下增加回球速度，击球失误很少。

二、节奏

与时机相联系的一个概念就是节奏。节奏就是挥拍的平稳性和过程。职业运动员的准备动作比较平稳，拍头在击球前加速。对于职业运动员而言，击球前会有一个明显的速度变化。这保证他们可以持续找到最佳的击球点。

三、击球点和击球区

当教练使用"穿越击球"这个词时，主要是要表达什么意思呢？穿越击球是指在击到球的后部后，拍头继续前挥，感觉就好像所有的拍头力量都传递到了球上，然后将球打向预定的目标。

大多数高级教练都会告诉球员击球点的重要性。准确的击球时机是优秀运动员击球动作的一个共同特征。要想成功地打一个特殊球，击球时对拍面/角度的控制和击球区面（击球前后 10~20 厘米的区域）非常重要。因此，击球区就是指拍头为最佳击球角度时"机会窗口"的大小。

影响击球区的因素：头部的运动和位置，头部的运动通常与击球时的放松和镇定程度相关；身体各部分转动的时机，如躯干和髋部；向来球移动的步法；击球点；髋和躯干与实际击球点高度的位置关系。

握拍：西方式握拍击球区通常较短，而半西方式握拍和东方式握拍击球区较长。

四、触觉和感觉

"触觉和感觉"主要是体会击球时用多大的力量。网球是一项控制性运动，"感觉"和"触觉"强调控制。对所有有天赋的运动员而言，他们都具备精细地改变挥拍轨迹、角度以及用力大小和方向的能力。特殊击球能力较强的运动员对力量的使用和击球时机的掌握非常敏感。他们对重力表现出不同寻常的了解和判断，以便在球靠近底线时也可以打出挑高球和反手削球。

（一）缓冲击球

理解缓冲和改变球速的最好办法就是想象击球面在击球时回撤。"手软"，如字面意思，就是运动员的肌肉紧张度须柔软，也就是放松。"手软"通常应用于控球极佳的运动员。球就好像粘在了拍线上。例如，这些运动员可以将 113 千米/小时的来球降低到 8 千米/小时，并控制好球，然后截击放小球。一般认为，缓冲和改变球速的技能与"手感"有关。但是，当有天赋的运动员截击放小球时，他们会本能地使球朝向他们，确保击球点靠近身体，这样就可以利用身体缓冲击球。因此，不是说运动员手臂较软，而是运动员的身体比较柔软、有伸展性。

（二）伪装和假动作

与动作协调的质量和速度相关的因素就是在最后一刻改变击球的能力。就如我们所强调的直觉一样，它是运动员学习假动作的结果。移动和击球动作"流畅"的运动员总能将假动作做得非常逼真。"流畅"这个词主要是指动作顺畅而不僵硬，即动作有柔韧性，而不是锁住身体。这就表明协调性好的运动员有能力通过对身体不同部位的感知来放松身体。

如果运动员对球几乎没有触觉和感觉，做假动作的能力就尤为重要。相反，运动员感觉和触觉越好，就不太需要做假动作。假动作需要对击球前一刻和击球时的拍面进行精细的控制（敏感度）。因为假动作是在最后发生的，它需要快速地控制手的速度。快速地控制手可以保证在非常短的时间内改变球拍的挥拍轨迹，以及在击球前快速、平稳地改变握拍。假动作需要利用较小的身体部分来做最后的调整，用较大的身体部分提供遮挡或者掩护。因此，做假动作时，运动员需要控制身体的各个部分，然后有效地击球。

（三）放松和紧张

为了传递力量，运动员就要尽可能多地运用身体各个部分。要"释放"身体不同的部位，就要降低肌肉紧张度，因此运动员就必须放松。击球时运用的身体部分越少，准确度就越高，就越不容易出现失误。因此，肌肉紧张度的增加有助于身体各个部分"锁在一起"。

紧张度应该由低到高看作是一个统一体。技术熟练的运动员可以根据所处的形式、来球和击球动作的不同阶段来改变身体的紧张度。许多技术不熟练的运动员在准备时会"死死握住"球拍柄，手臂肌肉过度紧张，因此就会抑制挥拍加速。技术熟练的运动员在准备和前挥过程中都会保持放松，只是在击球前的一刻增加手臂肌肉的紧张度，然后降低肌肉紧张度做出一个的随挥动作，通过较长随挥动作来降低拍头速度。在时间比较紧的情况下，如被对手大力进攻时，那么战术目标就应该是控制，运动员就需要增加腿、躯干和手臂肌肉的紧张度将身体锁在一起，保持拍头和身体的稳定来回球。对紧张度的意识和控制在截击时也是非常必要的。有些截击（如回击球速慢的球）需要"撞击"来球，而截击低于网高的球时就需要"轻轻"地回击球。在教练员用语中，"撞击"表明肌肉紧张度要比"轻轻"回击高。

放松对于网球运动员非常重要，因为爆发力主要来自肌肉的放松。肌肉紧张度很容易增加，但放松就没有那么容易了。

特殊击球能力较强的运动员一定是动作平稳且放松的运动员。有效击球的主要组成部分一般教练员不会教，它是无形技术的一方面，因此总会被忽略。击球时的放松和镇定可以保证动作平稳，因此就可以有效地挥拍打出想要的回球。放松可以减少身体无关部分的动作，增加身体每一部分有顺序地、有节奏地活动的机会。

肌肉紧张和放松有着紧密的联系。运动员越放松，肌肉紧张度就越低。为了有效地利用协调链，身体就需要放松。

第七章　网球运动中战术的具体应用

第一节　网球战术制定的指导思想与运用

一、网球战术的指导思想

我国网球战术的指导思想是"快速多变，主动进攻，技术全面，特长突出，提高快速对抗中的相持能力，概括为快、狠、准、全"。

快速多变是对技术、战术提出的共同要求，快速体现在技术上的多方面，比如移动快、击球速度快等。快速体现在战术上也是多方面的，比如抢网出击快、配合变化快等，只有快才能给对方形成威胁，快也是进攻性的具体手段和体现。变是防止对手适应某一技术或战术所采用的有效手段，快只有和变相结合，才能增加技术、战术的威力。

主动进攻是对网球战术提出的具体要求，也可以讲是网球战术的指导思想。进攻是得分的重要手段，主动是进攻的先决条件，主动不仅体现在思想上、意识上，更重要的是体现在战术的行动上，在比赛中，运动员要千方百计地争取进攻，抓住一切时机，大胆、果断地进攻。不过，进攻的手段要根据自己的技战术特点，要用特长去攻击对方的短处。所以，准确一点讲，网球战术指导思想应当是"以我为主，快速多变，主动进攻"。

二、网球战术制定原则

比赛战术方案的制定，必须根据对手的技术和战术特点，并结合自己的特点使用有效的对策，即所谓"知己知彼，百战不殆"。所以在比赛中了解对手，衡量自己，是非常重要的。

比赛中的战术必须以充分发挥自己技战术特长，打击并抑制对手为准则，即要以己之长，攻彼之短；出其不意，攻其不备；先发制人，力争主动，使自己保持积极进攻的位置，这是取得比赛胜利的关键。

战术的制定和运用必须灵活多变，避免战术上的单一化。然而要想把战术运用得变化自如，还需要有全面的技术做基础。在掌握全面技术的前提下，比赛中除了落点上要有变化外，在旋转、力量、球速上亦应灵活多变，使对手难以捉摸，发挥不出优势。

只有顽强勇猛，敢打敢拼，才能使战术得到很好的贯彻和运用，并取得预期的效果。因此，在日常训练中，要培养意志品质和良好的训练作风与战术思想。

上述原则是互为条件，辩证统一的。运动员在培养自己战术意识的同时，也应注意培养观察了解对手技战术特点的能力，这样才能在比赛中灵活运用战术，取得比赛胜利。

三、网球战术与其他素质的关系及注意事项

（一）战术与其他素质的关系

战术是一种方法，是运动员在比赛中为达获胜之目的而采取的具体措施。但这种方法是通过运动员的技术水平、体能水平、智能水平及心理素质等多方面的因素综合来体现的。因此，技术、体能、智能和心理是构成战术的最基本的因素。

技术是战术的基础，技术水平的高低，技术是否全面，直接影响着战术的质量和数量。

体能是影响战术质量的重要因素。身体素质不仅影响着运动员各种技术的质量，更重要的是影响战术的质量。所以，提高运动员的身体素质是提高战术质量的关键。

智能水平是实施战术的重要条件。战术的数量主要由掌握技术的全面程度来决定的，而战术的质量，尤其是战术变化的质量，则主要取决于一个运动员的智力水平。因为，

在比赛中，运动员应用战术并不是机械地搬用某一战术方法，而是通过观察、分析对手的特点，有针对性地使用技术、战术方法，这当然需要智力。实践证明，运动员的智力水平比较高，其战术应用及变化水平也就比较高。所以，提高运动员的智能水平，是提高战术质量的重要条件。

心理是实施战术的保证。战术在比赛中能否得以应用，并取得好的效果，取决于运动员的心理素质。"训练型"运动员的特点是心理素质较差，尤其是重要的比赛，关键的场次，更不能充分发挥自己平时练就的水平。所以，提高运动员的心理素质是提高战术质量的保证。

（二）战术实施过程中的注意事项

（1）准备活动时注意观察对手的情况。

（2）比赛过程中及时检验战术实施效果：比赛中经常出现战术非常成功，但是在占据主动的情况下失误的情况，这时要认真总结，冷静分析，调整技术动作，一旦某个技术出现状态不好或手感很差的情况不要急躁，可及时改变一下战术打法，先回避一下手感差的技术。如果调整技术发现没有问题，就要坚决贯彻既定战术，保持战术优势。

（3）随机应变，灵活机动：实战中如果既定战术没有明显效果，就要及时分析并尽快进行调整。在比赛中可以利用不同的球路和不同性能的球对对手进行试探，一旦发现对手的薄弱环节，要马上抓住不放。

（4）敢打敢拼，作风顽强：顽强的打法、敢打敢拼的精神对比赛胜负起着重要作用，比赛中要在精神上压倒对方，不断增强自己的信心。

（5）战术运用要讲求变化：实战中单一的技术打法和战术会很快让对手适应，而对手一旦适应过来后就会变被动为主动。所以，在基本技术可以保障的情况下，实战中战术运用和打法选择要有变化，使对手防不胜防。具体到技术上讲，就是要加强落点、旋转、击球深度，甚至在发球、上网与不上网等方面都要有变化，这样才可以真正发挥战术的作用，体现战术的价值。

四、不同打法风格的战术及运用

随着学生对策略越来越熟悉，并能把这些理念应用于训练中，他们就应根据自己的强项和弱项培养自己的打球风格。虽然风格的主题会有一些变化，但打球风格一般可划分为以下四类：防守型选手、攻击型底线选手、全场型选手、发球上网型选手。

作为教练，你的任务是帮助每位球员选择适合他们的风格。为了选择一种风格，你要在每位学生身上花些时间分析他们的身体能力、控拍技术和竞争个性。多数学生都有一位或几位他们崇拜的职业选手，但是他们选择偶像时不总是以打法风格作为标准。你需要帮助学生选择那些适合他们模仿的职业选手作为偶像，鼓励学生们观看偶像的比赛录像以留下深刻的印象。

（一）防守型打法

防守型选手常常从救球手发展而来，他们不惜一切代价回击每一个球。在少年网球中，这些选手常被称为"牛皮糖"型选手，因为他们常常不用力击球，弧线很高的高球是他们的看家本领。随着这些球员的成熟，他们的这种打法会发展成防守型打法风格。

这种打法风格所要求的体能特征是出色的移动技术。良好的体能也很关键，因为在大比分的比赛中，球的往返会很多，比赛时间也会较长。防守是防守型选手的强项，所以稳定的落地球、准确的穿越球和控制良好的挑高球都是关键技术。防守型选手往往喜欢留在底线后，在慢速球场，特别是土场会有较好的成绩。

防守型选手的竞争个性体现了耐心、坚定的决心和永不言败的精神。在职业巡回赛中，高排位选手中防守型选手人数甚少。由于球拍制作技术的进步、网球选手体能的增强，引发了对击球力量的追捧，使得在职业网坛顶尖选手中已看不到防守型选手的身影。但在学校网球学生中，防守型选手占据了主流位置。

为了培养防守型打法风格，需要安排强调稳定性和集中注意力的落地球练习，如借力击球训练。另一个简单的练习是让球员在对打时不失误，争取连续击球 100 次，之后可再让球员挑战这个纪录。球场上的目标应用于落地球的练习，包括落地球的深度和准确性。教师可能还需要在球网上方 6~8 英尺的高度拉一条标线，这样球员可以练习高球。当然，挑高球是防守型选手的利器，所以球员们还需要练习把球挑过网前球员高高举起的球拍，特别是在反手侧。

借力击球训练：

目的：练习防守。

方法：两位球员在底线，防守球员（A）在场地任意位置用下手发球。进攻球员（B）寻找随球上网的机会或在遇到浅球时直接打出得分球。防守球员必须在底线防守，不可以上网。先得 21 分的球员获胜。

训练要点：这是一个要求耐心和注意力集中的漫长而又艰苦的练习。虽然这种打法并不适合每个人的风格，但你的所有球员都会从这个练习中受益，因为他们总会在比赛中有必须依赖防守技术才能摆脱困境的时候。

对付防守型选手的策略是要有耐心，因为回合球会很多。他们会把握住对手出现浅球的机会及时上网，结束这 1 分的争夺。球员往往可以主宰比赛的节奏，因为防守型选手是针对对手作出反应而不是主动发起进攻。另一种有效的方法是引诱对手上网，使其在网前感到很不自然。防守型选手喜欢横向跑动，所以在对付这种选手时应创造机会让他们前后移动。

（二）攻击型底线打法

随着球员的技术和力量因训练得到提高，一些球员会从防守型选手发展成为攻击型底线选手。这种打法风格要求击球准备动作迅速、击球力量大和具有良好的耐力，以便在对手的防守出现空当时能够发力击球。

攻击型底线选手的一般站位是底线上或稍前，这样便于在出现浅球时发起攻击。这种类型的选手特别盼望受到对手的攻击。这种类型的选手握拍方式倾向于西方式和双手反手握拍。带有强烈上旋的斜线球是攻击型底线选手打法风格的基础，直线制胜球同样是他们的强项。至少有一种击球必须是在任何情况下都是可以依赖的武器。

攻击型底线选手的个性包括主动进攻和愿意承担一定的风险。这些选手为了打出制胜球而不惜一切代价，但他们只有在比较有把握时才会这样做。

攻击型底线选手必须能够打出具有穿透力的底线落地球，而且落点要深。他必须努力练习精准的步法并保持身体平衡，以便于在面对带有任何旋转的高球、低球、浅球时都能作出强有力的回击。一个简单但有效的练习是让攻击型底线球员把 90% 的回球打向对手的反手侧场地的角落。这个练习将会提高他充分利用对手弱点的能力。

另外一个很好的练习是让一位球员用斜线击球，另一位球员用直线击球，练习时计分，首先获得 15 分的球员获胜。球员可以在下一局练习时交换使用的击球线路。因为攻击型底线选手应把至少一种击球变成自己的武器，所以他们必须进行成千上万次练习直到他们的这种击球技术达到炉火纯青为止。多数选手偏向于练习正手，但他们不应忽视反手的潜力，特别是双手反拍。

练习制胜球：

目的：练习调动对手，寻找空当并用强势击球，打出制胜球。

方法：给球员 A 送球，让球员 A 用正手回斜线深球。第 2 个球送得稍浅一些，让球员 A 用大角度上旋斜线球把对手拉向场地一侧，球员 B 则用反手斜线回球给球员 A，球员 A 上前用双反直线击球得分。

训练要点：通过把对手调动出单打边线之外，为利用反手直线击球做好准备。一定要强调在击球时的步法和身体平衡。随着球员信心的增长，他就可以在球的上升期击球，以缩短对手回位的时间。

（三）全场型打法

全场型选手体形健硕、跑动敏捷，并且有非常出色的脚步移动技术。全场型打法对体能要求很高。控拍技术是全场型选手的精密武器，这些选手一般使用东方式握拍和紧凑的椭圆形握拍方式。因为全场型选手需要精通多种方式的击球，他们需要时间学习和训练才能成为技术全面的选手，所以这种选手的成长往往需要更长的时间。

全场型选手是击球方面的专家，他们喜欢采取积极主动的态度。他们能够流畅地从防守转入进攻，而且喜欢用各种各样的方式击球。他们通常都有灵活的比赛方案，他们的试探性打法在发现对手的弱点后即宣告结束。

对于全场型选手来说，最棘手的决定是着重强调他们的打法的具体哪一个方面。十有八九他们会采取主动进攻的打法，一遇到浅球即上网。有时在面对某些特殊的对手时，他们会发现采纳能够制约对手强项的比赛方案会有更好的效果。许多全场型选手没有异常出色的强力击球，但是他们也没有明显的弱点。他们在场上任何位置都能出色地发挥自己的技战术水平。

针对全场型选手的一个非常好的训练形式是让他们打一盘练习比赛，他们每次用截击或高压球得 1 分均记 2 分，这种记分方法会鼓励他们尽快上网并结束 1 分。

全场型选手的练习应集中于对中场球的处理。这些球必须能用正反手两侧打出扎实的随上击球，而且至少能在一侧打出制胜球，这是因为他们往往能够闪身用自己喜欢的击球方式对付浅球。只要不过度使用，正反手放小球是很好的补充。他们所有的中场击球都应有相同的球拍和肢体准备动作以掩饰真实的击球方向。因为全场型选手一般会利用一切时机上网，所以他们进行的练习应强调中场击球（如下面的柔弱发球练习）。

柔弱发球练习：

目的：检验球员在中场击球和得分的能力。

方法：两位球员进行一盘比赛，使用正常记分方法，但发球的球员（A）每次只有一次发球机会，并且只能用腰部以下的下手发球。接球的球员（B）必须在 1 区用正手（如果他右手握拍）、2 区用反手接发球。接球的球员在接发球后上网准备截击，否则失去这一分。一般来说，他应尝试随上击球、制胜球和放小球。

训练要点：这个练习会很快暴露球员的弱点，而且他们还不能使用正常的上手发球。这个练习可以很好地提高球员在遇到较弱的二发时使用切削上网的能力。

因为他们力图技术全面，所以全场型选手通常会在击球动作上有些弱点。对付全场型选手的策略应包括把球打向他们击球较弱的一侧和保持落地球的深度，以防止他们上网发起攻击。球员还必须提高一发成功率，以避免二发较软时遭到对手接发球抢攻。他还要保证回球有深度。他可以利用大角度落地球迫使对手满场跑动。

（四）发球上网型打法

发球上网型选手通常身材高大、防守面积大，具有良好的身体柔韧性、强有力的高压球和极佳的手感。显然强有力的发球对于发球上网型选手来说是很关键的技术，就像威力无比的高挑球一样。动作的快捷和具有穿透力的截击在网前是至关重要的。因为这种类型的选手喜欢在网前，所以他们应该针对可靠的中场击球和随上击球进行练习，在出现落点浅或较软弱的二发时应展开攻击并随球上网。

发球上网型选手一般使用东方式或大陆式握拍方式，因为握拍变化必须十分快捷（而发球、截击、高压球和切削随上常常只使用一种握拍方式）。这些球员需要具备在场上好斗的个性，而且对主动进攻抱有坚定不移的决心。

为了培养发球上网型打法风格，球员们需要以极具破坏性的发球作为开始。他们将需要熟练掌握弹跳很低的大力平击发球、制造大角度或转向对手身体的切削发球和可靠的上旋二发。在保证落点深和落点变化的情况下，这些类型的发球全都会有较好的效果。

发球上网型选手的基本技术是发球和随球上网，并在对手开始向前挥拍击球时分开两脚站立，且保持身体平衡，之后进行第一次截击。这三项技能要求在训练中进行无数次的重复。如果发球上网型球员自信、稳定地完成发球、分开两脚站立和第一次截击，那么他们拿下发球局的机会就会非常高。在练习发球和截击的同时不要忽视对高压球的练习，事实上，上到网前希望用刁钻的截击拿下这 1 分的球员往往要先接受挑高球的考验。在网球中，没有什么击球能比高压球更能检验球员的运动品质，高压球在打飞时会对士气造成更大的伤害。可以利用 10 次高压球练习作为高压球的基础练习，通过要求深落点或落点在两侧来变化练习的难度。

10 次高压球练习：

目的：练习从网前退后打高压球得分。

方法：球员在开始练习时站在正常的网前位置，即发球线与球网的中间位置。在教练向球员送过顶高球时，他必须向前跑动用球拍碰到球网后退后三步，之后跳起打高压球。之后，球员恢复网前站位，并重复相同的练习直到打出 10 次高压球为止。

训练要点：随着球员技术的进步增加挑高球的难度。例如，让球员在打高压球时采用斜线，这样做会减少失误发生的可能性。这个练习极有利于提高球员的体能、组间对抗以及练习如何应对压力。连续几次这样的练习是一次对体能和心理素质的考验。

在与发球上网型选手对抗时，比分的变化会很快，所以选手们需要在比赛开始就争取主动。他们应在发球上网型选手上网时瞄准他的双脚抽球或切削。接发球和穿越球应以直线为主，这样做会减少他截击的时间。在比赛早期，他们即可开始使用挑高球以延续发球上网型选手向网前靠近。如果他的发球极具威胁，那么就可以通过向前移动来变化在底线上的站位，使用几次切削回球或退后几步，以争取时间抽球或用挑高球回球。

第二节　网球比赛战术准备的内容与方法

比赛，直观看起来是技术、战术、体能和心理的较量，实际上其核心是智能的较量。选手长年练习和准备的各方面技艺和才能，靠睿智将它们贯穿起来，扭成一股合力，并最终在临场实战中充分发挥，才能转换成优异的成绩。

掌握了优异的运动技能，还要懂得如何去运用。斗智，要懂得如何去斗。平时日积月累学习的各种网球知识，发展的各项运动技能，在比赛中未必都能充分发挥出来。许多实例显示，由于比赛经验不足，赛前不懂得如何准备，比赛中的表现情况往往与平日练习时判若两人，憋足了的劲儿总是使不出来；或在场上盲目地凭直觉或习惯打球，赢球不知赢在哪里，输球更不知原因，严重阻碍竞技水平的提高，也影响了比赛成绩。

如果在比赛前、比赛中和比赛后，都能注意发挥聪明才智，有针对性地思考一些问题，就能牢牢控制住比赛局势。因此，优秀选手必须树立强烈的比赛意识（指选手驾驭比赛的综合能力），赛前针对比赛中可能出现的情况做积极、全面和认真的准备；比赛中保持清醒的头脑，善于观察对手的战术、心理变化，适时、明智地调整自己的战术对策，并能以平常心态对待和克服比赛场上各种因素的干扰，充分发挥技、战术水准；赛后则摆正自己的位置，分析比赛体验，总结和吸取经验教训、明确以后的努力方向。

因此，在掌握技术、战术、体能素质的同时，还需要学习和增加这方面的智慧，并在平时练习中注意这方面的锻炼。

一、观察了解对手的途径与方法

（一）获取对方资料的途径及需了解的信息

网球运动爱好者，无论以竞技为目标，还是以锻炼身体为目的，只要全身心投入到运动中，都能体会到无穷的快乐。在这个过程中，除了关注自我的提高外，了解和掌握其他选手的情况也是必要的。在收集资料和建立对手基本情况档案的过程中，不但要做到自己心中有数，为比赛时提供参考依据，避免盲目性，而且还应观察和吸取对手的长处，并研究克敌制胜的对策，这也是一个自我学习与提高的过程。

1.获取资料的途径

（1）通过观看比赛了解对手的情况

通过比赛录像、电视转播或赛场实地观摩，统计和分析对手在比赛中技、战术运用情况，以及比赛心理和体能状况等方面情况，收集记录对手的基本资料。

（2）通过广播、报刊媒体等渠道收集对手的情况

注意跟踪广播、报刊、网络等媒体对优秀选手的报道的情况，掌握其发展动态，并不断补充和完善。

（3）通过交流获取对手的情况

通过与朋友和球友之间的交谈，了解并捕捉有关对手的一切信息记录、分类、整理，补充到"对手档案"里。

2."对手档案"的基本信息

建立对手基本情况档案，大致由以下几个方面组成：

（1）对手年龄、身高、体质状况和从事网球运动的训练年限等信息。

（2）对手以往比赛成绩，包括参加各种重大比赛的名次等信息。

（3）对手的性格秉性、打法特点等相关信息。

（4）对手的技术特长和弱点方面的信息。

（5）对手心理素质、意志品质方面的信息。

（6）对手身体素质和能力方面的信息。

（二）观察和了解对手的方法

比赛前了解对手技术、战术、身体状况和心理状态，是制定正确比赛方案的基础，也是取得比赛胜利的前提。只有将对手的基本情况搞清楚，做到知己知彼，心中有数，才能百战不殆。

1.观察对手的性格、心理和意志品质

了解对手的性格、心理和意志对稳定自己的比赛情绪帮助很大，可以从以下几个方面来观察：比赛中是否容易紧张失常？关键时刻是否能顶得住？领先时有什么习惯表现？落后时又有什么习惯表现？斗志是否顽强？是否不畏强手，敢打敢拼？对裁判员的误判是否容易产生心理波动？受到来自观众或客观外界的影响后是否容易激动？

赛前能将对手以上几方面情况了解清楚，有针对性地做好充分准备，比赛中就能适时调整战略战术。争取比赛一开始就从气势上压倒对手，从技、战术和心理上战胜他。

2.观察对手的技术特点

熟悉对手的技术特点，并选择和制定有针对性的比赛战术方案，是赢得比赛胜利的重要途径之一。通常需要了解和掌握以下几个方面的信息：

（1）了解对手类型。是属于底线型选手、上网型，还是属于全面型选手？

（2）确定对手技术优势（与自己比较）。是在进攻方面，还是在防守方面？

（3）了解对手的习惯球路和绝招技术。

（4）掌握对手技术薄弱环节和失分的规律。

（5）了解对手发球和接发球技术优势。

（6）了解双打搭档个人技术特点和基本状况。

3.观察对手战术特点

（1）了解对手的打法特点：是突击进攻，还是守中反攻？

（2）了解习惯球路：组织进攻和防守反攻的惯用球路。

（3）了解习惯战术：从发球和接发球战术到主要得分战术，以及失分后战术的调整。

（4）比赛中是否容易受对手的战术影响而改变战术？

（5）双打两人的配合是否默契，弱点和漏洞在哪里？

4.观察对手的体能状况

（1）了解对手基本体能状态：身体素质如何？是否对自身体能状态有所顾虑？

（2）了解对手对待艰苦比赛的态度：意志品质如何？是否经得住艰苦竞赛的考验？体力不支时是否容易分散注意力，动摇意志？

（3）了解对手体能素质特点：是步法好、控制范围大，还是手法好、击球有威力？

根据观察了解到的情况，进行综合评估和客观分析，再依据自身状况制定相应的比赛方案。

二、比赛前的准备方法

（一）主观因素方面的准备

1.心理准备

鼓励自己勇于同强手对抗，对竞赛的艰苦程度做好充分的思想准备，设想比赛中可能遭遇的挫折和各种干扰，并慎重考虑自己应该如何应对，下决心进行顽强拼搏，与对手周旋到底。

根据以往经验，用适合自己的方法，使自己在赛前进入轻松愉快的状态，解除精神上的压力，轻装上阵，使注意力保持集中。比如听音乐，看自己喜爱的故事书、电影、电视节目等，从头脑中摆脱与比赛有关的一切信息和想法，使精神得到放松。可通过深呼吸来放慢呼吸节奏，稳定情绪，缓解心理压力，以轻松、振奋、跃跃欲试的理想心理和精神状态投入比赛。

2.技术准备

保持最佳技术状态是做赛前技术准备的目的。比赛前已没有时间再磨炼提高技术，赛前技术上的准备只能通过基本技术的适当练习，找到手法、步法的良好感觉，并加强对抗中特长技术的运用，以及攻转防、防转攻技术的衔接转换，并熟悉球性，增强控球能力。

3.战术准备

网球个人项目的特点，决定了比赛中选手本身需要具有较强的独立作战能力，在错综复杂的竞赛中，应善于根据当时的情况，灵活机智、随机应变地运用各种战术。要做到这一点，就要求选手在赛前对比赛中可能出现的各种情况做充分的估计和准备，这样在实战中才能处变不惊，化险为夷。

战术，简单地说就是场上的布局，也就是让前后场击出的球相互呼应，通过有计划、合目的地组合运用各种球路，形成一种模式，让对方不自觉地被套进你的模式里，跟着你走，最终在你的控制下出错而失败。

4.身体准备

（1）保持正常的生活习惯

大赛前身体上的准备，最重要的是保持正常的生活起居，保证充足的睡眠时间。饮食上注意多吃瓜果蔬菜，并摄入一定量的蛋白质，避免吃平时不太习惯或从未尝试的食品。进餐应在赛前 2 小时前完成，以保证比赛开始时体内的食物已消化。要严格控制烟、酒。赛前补充水和糖分，最好在开赛前半小时左右饮用。此外，还应注意保暖和放松肌肉，通过按摩、拉关节韧带等手段，使肌肉放松。

（2）赛前充分的准备活动

比赛前 40 分钟左右，要开始缓慢有序地进行准备活动。准备活动的目的是使内脏器官慢慢调动起来，减少其生理惰性，让肌肉适应剧烈运动的需要，进入比赛状态，减少突然剧烈的运动带来的机体不适，避免机体伤损，防止因身体没有进入状态而影响比赛成绩。

准备活动可以从慢跑、拉关节韧带开始，逐步进入一定范围的移动、跳跃，进而再做一些结合网球运动特点的准备活动，比如突然起动、停顿和击球挥拍，最后再持球进行各种基本技术小范围活动。应根据自己的身体状况和性格习惯摸索一套适合自己的热身方法。准备活动既要充分，又要掌握合适的度。如果准备活动不充分，身体各部分机能没有调动起来，未进入备战状态，就将影响比赛初始阶段竞技水平的正常发挥，有时甚至会造成肌肉拉伤；如果准备活动过量，一方面消耗体力，另一方面身体过早进入兴奋状态，也不利于比赛正常水平的发挥。准备活动以感觉身体发热，微微出汗，精神兴奋为宜。

5.器材准备

（1）网球拍

根据竞赛规则，比赛中出现球拍弦断裂的情况时，选手可以到场边更换球拍。如果球拍弦被击断，但双方仍处在对抗中，选手自行更换球拍，此时对方恰巧将球击中在界内，则属于失分。因此，赛前要准备 3~5 把球拍，以备比赛中球拍断弦时替换。

（2）擦汗毛巾

网球比赛激烈，且无时间限制，运动量大，体力消耗大，出汗多。规则规定，一局球没有结束，比赛必须持续进行，选手不能申请休息或离开球场。但选手在一分结束后可以擦擦汗。因此，赛前有必要准备一条毛巾，一方面防止汗水过多影响视线，另一方面在体力不支时，可以在规则允许的范围内，借用擦汗的短暂机会调整一下体力。另外，战术不顺，或是主动失误多时，也可以利用擦汗机会稳定一下情绪。

（3）服装鞋袜

比赛前还需要考虑准备服装鞋袜。夏季比赛，天气闷热，体力消耗颇大，出汗量也大。赛前准备一两套比赛服装用于比赛过程中流汗过多时更换。另外，赛前应检查鞋袜状况，试试鞋子是否结实、袜子是否舒适等。如有不适，应尽早更换。

（4）别针、发夹

女选手在比赛前还要准备一些别针、发夹之类的小东西，以备需要时用。

（二）客观因素的准备

1.裁判员、观众等客观因素

如何对待比赛中可能出现的裁判员的偏袒和误判？这是选手在赛前准备中不可忽视的问题。如处理不好，情绪会因裁判员的偏袒和误判受到严重干扰，从而影响比赛水平的正常发挥。主观意愿上希望这样的事情不要发生，但如果比赛中真的出现了，明智的选择是抛开这些干扰，或将干扰程度降至最低，迅速稳定情绪，从零开始，紧紧抓住眼前每一分球的抗争。

如何对待比赛中来自观众的起哄、喧哗、"攻击"和侮辱等情况？比赛场上来自观众的影响是选手赛前应考虑和准备应对的又一客观因素。多数情况下，观众的观赏带有倾向性，他们的支持和鼓励，可以鼓舞选手的士气；相反，观众的起哄和"攻击"，会影响和干扰选手的心理状态。

裁判员和观众的态度和举止，是不可控制的客观因素，只有靠自身积极的心理准备、正确的心态来对待。

2.气候环境

如何适应比赛地区的气候和天气，并针对竞赛地的气候环境条件制定相应的比赛战术也是赛前准备的内容。在气候炎热地区竞赛，在制定战术时一方面要围绕自身状况，例如体力好时可以选择与对手周旋，体力不佳时则应力争速战速决，并准备补充水分，配备一些防汗用品。另一方面还应了解一些客观环境对网球飞行速度产生影响的基本知识，例如，通常在炎热环境中比赛，比赛场的空气因高温发生膨胀，使球内气压增大，从而使球的弹性变大，飞行速度加快，击球的准确性可能会受到一定影响；而在寒冷地区竞赛，由于气温低，空气凝重压强减小，球的飞行速度会随之减慢，选手容易因不适应这种冷空气而降低对球的控制力，增加失误率。

三、比赛中的自我控制与调节方法

（一）心理自控

稳定的心理品质是正常发挥技、战术的基础。有刺激就会有心理反应。心理稳定性的优劣，常常是比赛胜败的关键。因此，心理与技、战术和体能紧紧联系在一起，共同成为影响选手比赛成绩的重要因素。

1.比分领先时的心理准备

赛场上形势千变万化，比分领先的情况下，不能有任何放松或麻痹思想，要继续放开手脚，敢打敢拼，坚持运用行之有效的技、战术，保持领先优势，一鼓作气将比赛进行到底。

2.比分相持或平分的心理准备

比赛中双方比分相持不下，打得很激烈，特别是出现平分的关键时刻，要看谁的意志坚强，谁能够顶住压力并扬长避短，谁就能取得比赛的最后胜利。比分相持时，除了在思想上要坚持，一分一分咬紧比分，坚持到最后外，还要在战术上考虑采取一定的变化，如以发球抢攻、改变击球节奏等方式来打破僵持局面。双方达到平分时，"稳"字第一，争取稳住局势，严防主动失误。在调动、反控制中，如有机会球出现，则要大胆出击。

在比分落后的情况下，不能气馁或丧失斗志。哪怕只有百分之一的获胜希望，也要尽百分之百的努力去争取。比赛的实际意义除了体验胜利的喜悦外，更重要的是参与竞赛、挑战自我的过程。即使输球，也要输得明白。通过较量，找出差距，发现问题，为以后的训练树立和明确努力的目标与方向。

（二）战术调整

1.战术意识和应变能力

首先，比赛中选手要积极贯彻赛前制定的战术方案，执行"以攻为主、积极防守"的战术思想。其次，在比赛中头脑要冷静、清醒，观察、分析和判断对手情况的能力要强，反应要快。该进攻时，不打防守球路，坚决地组织进攻；该防守时，不勉强盲目地发起进攻，争取由积极的防守转攻；该过渡时，大胆地采用过渡技术，在复杂局势中，创造和抓住取胜的时机。

2.根据场上情况适时调整战术

根据赛场形势的变化，灵活运用比赛前准备的各种战术。如发现对手信心不足，应抓住战机，发起攻势，从气势上压倒对手；如对手战术运用得当，我方频频失利，则应冷静观察，识破对手的意图，及时分析不顺的原因，根据对手战术相应地调整我方的战术。一套方案不行，换另一套方案。如果在不顺的情况下，还不查找原因，一味地胡打下去，会很快输掉这局比赛。如我方控制场上局势，处于主动状态，比分遥遥领先，打得十分顺手，则表明战术得当，应坚决继续执行此战术，使对手跟着我方战术意图走，不受制于人。

选手的意志力对比赛结果会产生重要影响。斗志顽强、体力充沛的对手最难对付，要有足够的毅力同他抗衡。倘若发现对手有疲劳迹象，斗志开始动摇。这时，应把握制胜机会，或加快速度增强攻势，或不打强攻而采取稳拖战术，耐心地与对手相持，以多拍对拉迫使其大范围地跑动，进一步消耗其体力，拖垮对方。

3.以己之长，攻彼之短

无论采用何种战术，都应以自己的特长来攻击对方的薄弱之处。只要比赛前发现了对方某一项技术较差，就应该抓住这一弱点进行攻击。但如果这一战术已引起对方的警觉，我方还一味继续攻之，则可能徒劳无益。因此，战术运用要灵活，先引开对方的注意力，再攻其弱点，这样效果才好。相反，如果我方的特长技术被对方注意了，就要采取迂回措施，暂时改变自己的打法，以摆脱对方在战术上的纠缠。否则一味坚持此打法，特长将会变为特短，主动会变为被动。

假如发现对手的某一绝招对我方很有威胁，比如他的反手底线攻直线频频得分，就要采取措施，在被动的情况下尽量不给他反手底线这一位置的球，或是争取用其他球路调动他，分散他的注意力，再突击这个位置，破坏其进攻节奏，不让他发挥这一特长技术。再如，对方上网截击很成功，速度很快，我方难以招架，这时可争取将球增加上旋，待对手上网后挑高球至后场底线，或改变击球节奏，限制对方的进攻速度，以缓解压力。

（三）技术运用

1.贯彻"稳"字当头的击球意识

比赛中，无论是在主动还是在被动的状态下，击球时都要避免具有将球击至最靠近边界区域的意识，或在对方的回击质量不是太差时强打制胜球。因为这种一拍解决战斗、急于求成的击球意识，容易因对击球质量要求过高而将球击下网或将球打出边界，造成无谓的失误。据观察，比赛中因被迫失误或自己无谓主动失误而丢分的情况，远远多于被对方直接击中得分的情况。因此，比赛的胜负常常取决于选手能否摆正自己的击球意识。要"稳"字当头，以稳取胜，做到"自杀"失误率低于对手。谁能做到把出错的机会留给对手，谁就增加了自己获胜的机会。

另外，比赛中还要尽量避免使用没有把握的击球技术。

2.果断完成击球动作

减少主动失误，除了要有正确的击球意识外，击球时不能有任何杂念和顾虑，要大胆、果断地出手，完成整个动作。避免因担心失误而谨小慎微、过于保守、犹豫不决的现象，造成击球动作变样，影响击球效果。

3.控制击球的落点

击球到位的前提是步法到位，只有步法到位才能得到较好的击球点，保证击球动作顺利完成，有效控制击球的落点。因此，必须全力积极地准备，保持步法快速移动，并注意将步法的起动、回动节奏与击球的节奏配合好。

（四）体能分配

网球比赛采用五局三胜制或者三局二胜制，不受时间限制。在双方实力相当的比赛中，无论是单打还是双打比赛，谁也攻不死谁的情况比比皆是。有时一个球就要打几十拍，拿一分都非常不容易，双方体力消耗巨大。因此，选手的良好体能素质是承担激烈比赛的基础，比赛中合理分配体力是保证临场技术、战术水平充分发挥的重要因素。

比赛开始时，一般来说球员的体能状况都比较好，能保持一定的速度，正常地发挥技、战术水平。随着比赛激烈程度的不断加剧，体力消耗加大，尤其比赛的最后关键时刻，也是争夺最激烈的时候，往往因体力不支而表现出技术动作变形、主动失误增多，或速度明显减慢、受制于对方等情况，进而造成比赛失利。因此，比赛中应根据场上局势来调整体力分配。如果第一盘暂时领先，第二盘出现体力不支、大势已去的情况，可酌情考虑放弃第二盘，保留体力争取拿下第三盘决胜局；如果第二盘还不是一边倒，还有获胜希望，就应该力争拿下第二盘。

当自己体力状况不佳时，可采用发球上网战术，以快制慢，争取速战速决。也可考虑通过以下几种途径来缓解体力压力：一是采用发球抢攻战术，在发球上做文章，通过多变的发球来控制场上节奏。二是通过挑高球放慢击球节奏，三是通过局间休息、放慢发球前节奏等方式来争取休息时间，调整呼吸，使体力得到一定的恢复。

四、比赛的后续工作

（一）主观因素方面的总结

比赛结束后，从心理上、技术上、战术上和体能上，参照比赛前的准备方案，对实际比赛中的情形进行总结，分析比赛中心理承受力如何、处理领先球或落后球的情况如何，以及体力和意志品质在比赛中的表现如何。从技术和战术上分析贯彻比赛前的准备情况以及方案是否合理，如比赛中是否坚持既定的技、战术方针，运用情况如何，特长技术发挥如何，进攻防守技、战术转换运用如何，着重分析主要失分的技术和错误的战术，双打、混双配合情况及合作中的弱点和漏洞等。还要分析体能是否经得住激烈比赛的考验，以及赛前准备方案的科学性。

从以上几方面内容认真总结，肯定成绩，找出差距，发扬优势，确立下一步目标。

除此之外，赛后要重视机体的恢复。身体经过巅峰状态后，必然要有一个恢复的过程，然后才可能再次进入新的高潮。大型激烈比赛时体能消耗巨大，赛后身体状态处于低潮，需要进行科学的休息和积极的调整，为以后的训练和比赛做准备。

比赛后身体的恢复，因比赛的激烈程度、个人负荷状况不同，采用的方式方法也不同。主要应从肌肉放松和代谢补充等方面来进行。

（二）身体肌肉放松

（1）按摩放松：站姿或坐姿，采用自我按摩和抖动等方法，对上肢、下肢、躯干等各部位肌肉进行放松。或者采用卧姿，请同伴或亲友帮助按摩，对各部分肌肉进行放松。

（2）热疗放松：有条件的可利用温泉、冲浪、桑拿浴、蒸汽浴和热水淋浴等方式进行热疗放松。

（3）静力牵张放松：高强度运动后，及时用静力牵张方法对肌肉韧带进行放松，对缓解疲劳和改善肌肉乳酸堆积、促进肌肉状况恢复有显著效果。

（三）身体能量代谢补充

身体因比赛中激烈的对抗会消耗很多营养物质，赛后必须及时合理地进行补充，才有助于体力的恢复和疲劳的消除。赛后应注意加强糖原、维生素、蛋白质、水和矿物质的补充。此外，激烈运动后，体内产生酸性代谢物，使乳酸堆积，要多吃富含维生素的水果、蔬菜等碱性食品，以利机体的恢复。

比赛中精神紧张、压力大，赛后可通过听音乐、看电影、下棋、阅读感兴趣的书籍等方式适当调节，使精神放松，让大脑得到休息。

（四）客观因素方面的总结

比赛后，选手应针对比赛中客观因素对比赛成绩的影响情况进行总结。如场地风向、光线、球速等不适应情况是否引起心理变化，是否产生慌乱情绪，裁判员的不公或误判是否引起自己的愤怒，观众的起哄、喧哗是否使自己感到烦躁不安，以致影响比赛心理的稳定等，在回顾中总结经验，吸取教训。

网球运动的特点决定了网球竞赛的丰富多彩，比赛中对手不同，各种技术、战术、体能和心理的准备和运用也不同，以上介绍的只是一些最基本的知识。在实际运用中，在掌握好以上知识的基础上，应根据自身和对手的具体情况及临场的情势来灵活运用，并力争在训练和比赛中加以丰富和发展，逐步摸索出一套适合自己的准备、竞赛和休整方法。

第八章　网球运动训练方法的创新

第一节　网球运动训练的发展趋势

一、网球运动的总体趋势分析

随着商业化进程，各大网球赛事如火如荼地开展，尤其以英国温布尔登锦标赛、法国网球公开赛、美国网球公开赛和澳大利亚网球公开赛四大赛事备受瞩目。四大网球公开赛是每年一届的最为重要的世界性单项比赛，世界各地的网球选手均视获得这四大比赛桂冠为最高荣誉，而各大赛事的奖金也越来越丰厚，吸引了越来越多的网球好手参加，职业网坛蓬勃发展。

近几年纳入年度积分的各项大满贯赛、公开赛、大奖赛等，都是当今男子职业网坛最高水准的顶级赛事，汇集了世界男子网坛最优秀的职业选手，每年也诞生了一些改写网坛纪录的新秀。这些选手在比赛中所表现出来的技战术能力，代表着当今网坛最高水平，引领着当今职业网坛的主旋律，预示了未来世界男子网坛的发展方向。

（一）技术向精细、全面方向发展

在现代的网球运动中，由于赛事频繁，对抗日益激烈，在比赛中，运动员之间的攻防矛盾经常转换，主动与被动经常交替。为了适应这种制约与反制约的需要，运动员必须力求技术全面。在各项高水平比赛上，网球选手们无论在网前、底线，还是在正手、反手等传统的技术上，都很全面，没有什么明显漏洞。

172

技术向精细化发展，是网球技术发展的一大趋势。单就发球而言，选手们并不是一味地追求速度。这并不是说现代网球运动员发球技术不及以前，而是当今运动员更注重发球技术的精细化，将发球的旋转变化和角度很好地结合在一起。另外，随着球体的增大，击球的回合不断增加，运动员不再主要依靠大力击球去获胜，而是更多地通过提早击球、运用精确的落点和极佳的球速占得先机。这些以上旋球为主的球员正凭借着出色的接发球、网前截击、落点准确的穿越球、打身后、放小球以及滑拍等精细、全面的技术，主宰当今世界网坛。

（二）打法多样，但底线型打法成为未来网坛打法的主流

观看网球比赛的很大一部分乐趣来自观赏不同风格、不同打法类型选手之间的碰撞。网球打法的类型可分为上网型、全能型和底线型三种。但当今大部分世界顶级高手，均表现出良好的底线控制和进攻能力。这表明了底线型打法占据了当今网坛的主导地位。如在近几年的上海大师杯赛上，很少有上网型打法选手进入决赛，而具有跑动积极、技术全面、落点精确的底线型打法选手却占得先机。其主要原因有以下几点。

1.比赛场地是使底线型打法得到空前发展的主要因素

网球比赛场地大致可分为快速场地、中速场地和慢速场地。而现代网球运动的一个重要特征是在多种不同性能的场地上进行比赛。纵观当今国际网坛，草地球场因其造价高、维护不易等原因而渐渐萎缩，而中速的人工合成材料场地和慢速的黏土场地比重在不断上升。为了适应不同的场地，在全年频繁的赛事中去赢得更多比赛，获得较高的 ATP（Association of Tennis Professionals，职业网球联合会）排名，运动员往往倾向于选择一种相对稳定可靠的打法去取得更多的好成绩。采用底线型打法能很好地做到这一点。运用此种打法，运动员不仅可使自己在擅长的中速和慢速场地上力保不败，还有机会在快速场地上获胜。

2.技术的变革促进了底线型打法的发展

发球上网型打法就是以强有力的发球致使对手回球质量差，从而形成网前有利的攻势。如今，运动员的各方面技术都得到了长足的进步，尤其以接发球技术最为突出。他们可以把速度为 200 多 km/h 的来球接到对方场地的任何一个角落，不仅给对手上网增加了难度，而且经常直接得分。

3.上网型打法的不稳定性是阻碍其发球的主要原因

一名优秀的发球上网型选手不仅要有出类拔萃的发球、敏捷的反应能力和敏锐的判断力，还要有出色的截击能力。这些对技战术、心智的要求都很高。

随着当今网球技战术整体水平的不断提高，运动员破上网的能力不断增强，无形中给上网型选手造成巨大的心理压力，从而造成发挥不稳定。正因为上网型打法中有许多不确定的因素，上网型选手很难在频繁的比赛中获得好成绩。

4.球体的增大，有利于底线型打法的发展

球体增大了，相对地减慢了球速，增加了击球的回合，这对底线型打法选手有利。他们利用精湛的底线技术和对手展开拉锯战，从容地化解对手的截击，并打出落点精确的穿越球，不断对网前施压，增加对手回接球的难度。另外，球速的减慢，降低了运动员发球的威力，降低发出 ACE 球的概率，增大了上网截击的难度。

（三）力量型选手与技术型选手共同发展

在现今的网球比赛中，技术仍然是决定比赛胜负的关键所在，拥有全面的技术会使选手在比赛中无往不利，而一般选手都或多或少有一些弱点。很多选手利用力量来弥补自己的不足。

（四）快速灵活的步法和充沛的体能是获胜的重要保障

底线型打法逐渐占据网坛的主导地位，步法和体能在比赛中起着重要的作用，它是获取胜利的重要保障。快速灵活的步法一方面可使运动员及时、准确地找到最佳击球点，提高回球的质量；另一方面还能救起许多令对手认为是制胜球的来球，从而在技术上和心理上不断给对手增加压力。由于赛事日趋频繁，底线型打法逐渐占据主导地位，这对运动员的体能提出了更高的要求，即体能一定要跟上网坛发展的需要。

（五）稳定的心理素质和顽强的意志品质是取胜的关键

随着现代网球运动的高度发展，运动员职业化进程不断加快，各国教练员运用了大量科学的手段来最大限度地挖掘运动员各方面的潜能。世界高水平运动员在身体、技战术等方面都相差不多。运动员水平越接近，在比赛中出现关键比分的机会越多，比赛的

胜负往往在一两球之间。这时运动员的心理因素对技战术的影响更大。谁心理稳定，谁捕捉机会的能力强，谁就能赢得这场比赛。

二、网球运动训练周期的发展趋势

（一）传统运动训练周期理论的分析

在众多的运动训练周期理论中，苏联现代体育理论专家马特维也夫（Matwejew）确定的周期训练理论最为系统、全面、深刻，对现代运动训练产生了划时代的影响。其定义为：运动训练过程以周而复始、循环往复的方式进行，后一个循环在前一个循环的基础上，不断提高训练要求，使运动员在周而复始的循环中创造专项优异成绩。他提出了训练过程的三大基本训练周期结构，即单元、课、周等训练结构；阶段训练中的周期训练结构；年度和多年训练中的周期训练结构。各结构内部也表现出周期性，从而从小周期到大周期形成完整的周期训练结构。周期的划分以运动员的生物节奏变化规律、竞技状态形成与发展规律为主要依据，以及比赛安排、气候、季节等为次要依据。如此划分是为了使运动员围绕比赛有效的训练形成最佳竞技状态，取得优异比赛成绩。各训练过程周期均分为：准备期、稳定期、休整期。我国网球竞技水平不高，比赛少，通常是以大周期训练，为的是一两个重要的比赛。

随着我国网球竞技水平的上升，在网球运动上的投入越来越多，势必会带来参赛机会的增多，或许运动员一年内要参加大量大大小小的比赛，那么是否还存在传统周期训练理论呢。在一系列的比赛中，要想每次都保持最好的竞技水平，取得优异成绩是非常困难的，因为竞技能力会有暂时消失的现象。比如在几个典型的网球赛事中，同一名运动员在同一年度同时获得美网、澳网、温布尔顿以及各个大师赛等数项大赛的冠军是极其困难的，即使该运动员具备相当强的实力。所以要依据比赛的性质、运动员的竞技状态来合理安排运动周期训练，抓住关键比赛，把竞技状态调整到最佳，从而取得好成绩，而在其他一些比赛中，可采取"以赛带练"的方法。区分比赛不同的重要程度，确定不同的竞赛目标，同时根据竞技状态发展的规律性，合理地安排全年的训练和比赛，有目的有选择地比赛，保障在重大比赛中取得好成绩。目前，我国的网球竞技水平有所提高，针对比赛密度大、强度高的特点，应把相应的周期训练理论运用到网球训练中，把比赛和训练结合起来，并注意训练和训练之间的衔接，训练和比赛之间的衔接，以保持小周期的完整性和年度周期的系统性。

（二）网球运动周期训练转变的运动训练学依据

1.运动员竞技能力变化的周期性

竞技能力的提高表现出周期性的特点。在一次网球训练中，运动员机体能量消耗而发生疲劳，在其超量恢复时期施加下一次负荷，从而提高运动员的竞技能力，运动员竞技状态的发展、保持、消失三个阶段即为一个周期。

2.机体生物节奏的重要性

当今的运动训练科学化程度已经很高，有些方面已难以突破。网球运动主要还是以个人为主导，即使是在双打比赛中，个人的能力也是占主导作用的。所以，我们要充分认识到人体生物节奏的规律，并利用运动员的生物节奏规律去了解运动员的竞技状态并安排训练，使训练和比赛的节奏与运动员自身的生物节奏达到完美结合，以创造优异的运动成绩。

3.良好的比赛条件

我们都知道，竞技网球运动的目标是为了取得好成绩，把训练所获得的效果在比赛中表现出来，而要想取得好成绩就要进行科学训练，科学训练除了考虑到运动员个体以及训练的方法和手段，还要考虑到比赛的条件，包括场地、器材、对手、气候等因素，这样才能使运动员的竞技能力得到充分的发挥。另外，网球比赛受天气的影响相当大，如果一场比赛安排在四月份在日本举行，而每年的这个时候正好是日本的雨季，那么在备战训练时就要考虑到相关气候的周期问题，合理安排训练周期。

（三）网球运动训练周期的发展趋势

1.准备训练时间明显缩短

传统周期训练是在大周期下，再根据主要比赛将周期分为准备期、比赛期、过渡期，这种情况下，准备期较长，而在当今赛事繁多的情况下，一般准备期训练只占很少的一部分，而大部分的时间是在进行专门准备训练，从而大大提高了专项训练的效果。如罗杰·费德勒（Roger Federer），每年要参加大量的比赛，他不可能也不会每次比赛前都花大量的时间去做充分的准备，这样的话不利于他运动水平的保持和提高。他在每年固定的 2~3 个月时间里进行准备训练，而 7~8 个月时间是在不断地参加比赛，在比赛中训练，训练中比赛，训练和比赛是一体的，不断强化专项，保持其竞技水平并不断提高。

　　2.比赛期延长

　　传统训练周期理论下，比赛较少，虽然全年的训练系统性强，能打下坚实的基础，但却枯燥、单调，易使运动员失去训练的积极性，从而大大降低训练的效果。而在当今网球赛事繁多的情况下，运动员要不断参加比赛，而且比赛是以积分和排位的形式进行的。并且运动员的积分和排位直接影响到其以后参加比赛的资格，这就更加促使运动员去大量地参加比赛，比赛时间就会大大增多，这就要求在比赛中保持专项训练，依靠比赛来改进技术与调节身体和心理，而且参加部分比赛不是完全为了取胜，而是以比赛来促进训练，调节训练，提高训练的强度和质量，保持良好的竞技状态。

　　3."以赛促练，以赛带练"

　　在现代社会国际化和商业化的影响下，各类网球赛事不断增多，面对繁多的比赛，训练也发生了变化，由大周期向小周期转变，但竞技能力提高的周期性和竞技状态的阶段性不变，只是在传统周期训练的基础上做了新的变化，在比赛中训练，在训练中比赛，"以赛促练，以赛带练"。

三、网球体能训练的发展趋势

（一）体能训练要从网球运动内在特征出发

　　在我国，体能训练"只见树木不见森林"的做法已存在很久，这也包括网球项目。教练员只有在其专项训练理念的科学指导下才能走出体能训练只注重专项外在形式，而忽略专项内在规律的不科学、缺乏经济性与时效性的体能训练的误区，从而才能真正提高训练的效果。如表 8-1 是在草地、硬地、土地网球比赛回合往返在 5 秒以下的比重，从这我们可以得到的信息是在各种球场比赛，我们在平时体能训练中各自的供能系统所在比例应该有所不同，致使我们的训练方向、重点不同。要想办法让队员在各种球场比赛应有回合的时间里把各种体能因素（力量、协调、灵敏等）与网球专项得分点相符，把其发挥得淋漓尽致，也就是所谓的制御。

表 8-1 回合往返 5 秒以下的比重

场地	运动员	
	男子	女子
草地	80%~86%	60%~75%
硬地	56%~65%	80%~52%
土地	42%~56%	30%~32%

（二）从发展的视角看网球体能训练

所谓"以发展的视角"就是指在平时运动员在体能的训练过程中，要求教练员应有意识地在头脑里想是哪些因素（环境、任务、个体等）使运动员的这个动作做到现在这个程度，在未来采用什么样的训练方式可以把运动员所做的动作发展到怎样一个标准，教练员以这样的发展视角把训练持续下去，注意观察运动员所做动作的每一个细节，如运动员在力量训练中持哑铃等器械模仿网球反手击球时（单手反拍），教练员不能只简单看运动员动作外在的表现形式或击出球的质量，更重要的是要看运动员发力的顺序是否形成动力链，即腿—躯干和后背—肩—肘—腕依次用力，这可能对运动员的训练更加重要。

（三）增加青少年网球选手专项体能训练的比重

大多数教练员训练处在青少年时期的运动员时，不是将一般身体素质作为训练的主要内容而忽视专项训练，就是提早使运动员进入专项化这两个极端中，这会导致许多不良的后果，如运动员早衰提前退役、训练效果实效差等。以辩证的视角思考此问题，把握好这两者之间的这个"度"对训练是有帮助的，这也符合青少年的身心发展与动作发展规律。最近有学者研究国外青少年网球训练，发现在此阶段他们在每次的训练中都有一定的专项体能训练，得出青少年成长过程中应该给予适当的专项体能训练的结论。因为青少年正处于中枢神经系统的形成阶段，直观的模仿能力较强，有利于技术动作的学习。然而，专项体能练习的强度与量在训练中所占的比例还待以后在实践中去摸索，去总结。

（四）重视网球体能训练中“神经支配能力”的训练

网球是一项需要运动员具备多方向移动能力的运动，这就使得网球运动员自身需要有很好的爆发力、灵敏度、协调性等素质。德国科研人员研究表明，神经支配肌肉的能力的改善比专一提高肌肉横断面积再提高爆发力、灵敏度、反应等素质效果更佳。大脑神经中枢发出冲动募集参与工作的肌纤维越多、越集中，产生的力量也越大，内在表现为肌肉和代谢过程机能节省化的优点，相反力量则小。因此，教练员在平时的体能训练中应多采用轻重量或者是克服自身体重的重量配合相应的训练手段（如各种形式的跳跃练习）来增强运动员自身中枢神经系统与肌肉之间的联系，从而提高其对肌肉的支配能力，减少主动肌与对抗肌之间阻力更加协调的工作，短时间内产生更大的力量，为比赛取得胜利打下坚实的基础。

（五）重视体能训练后机体的恢复

在现代训练理念下，训练与恢复并重，运动员的机体恢复训练被单独拿出来作为一个训练的组成部分，并给予高度的重视。网球比赛运动每年都是以“四大满贯”即温网、澳网、法网、美网，为每年训练比赛的重点，这期间还有许多各种等级的公开赛、邀请赛等，可以说网球运动员的比赛相当频繁，他们每年的比赛成绩的好坏很大程度上取决于他们体力恢复的情况，拥有出色的恢复能力，才能使运动员的运动能力在比赛中有始有终地发挥。教练员们也都充分地认识到了这一点，运动性疲劳是体内各种能源物质耗竭的结果，必须采用各种积极的训练手段加以恢复，使体内重新充满能量。如今教练员在每次训练后或比赛后都要求运动员长时间地做牵伸活动、补充营养、念动训练（心理暗示）等积极的手段恢复体能。这对运动员在比赛中拥有充分的体能给予了保证，对取得优异的成绩有很大的促进作用。

体能已成为当今网坛能否取得比赛胜利的重要因素。由于网球项目在我国起步较晚，对该项目比赛所需要的体能认识不清，致使我国许多已掌握较高网球技术的运动员在比赛中虎头蛇尾的表现屡见不鲜，尤以男子运动员表现突出。要改变这种在比赛中因体能不好导致最终输掉比赛的现状，我们就要从分析网球项目特征入手，并结合科学先进的训练理念加以指导，经过长期的努力可以将其改变，使运动员取得优异的成绩。我国女子网球的几朵金花近几年在国际大赛取得了诸多佳绩，但这不能掩盖我国网球选手体能与国外优秀选手之间的差距，教练员除了要分析网球专项特征，还要形成科学先进的训练理念。因此，教练员要善于从我国与网球同类项群的优秀项目中吸取成功的经验移植到网球的训练中；增加中外交流，不断学习与钻研形成科学先进的训练理念，将其运用到平时网球体能训练之中，可以取得事半功倍的效果。

第二节　网球运动训练方法的改革与优化

一、网球训练方法的合理选择

（一）网球训练需要关注学生心理的调整

网球运动是一项技术精细、对抗性强的项目。在学习过程中，如果学生受到一些干扰，情绪就会发生相应的变化，这些复杂情况在一瞬间都有可能发生更大的变化。所以，引导学生具有良好的思想准备、心理状态，是提高训练质量的关键。学生心理素质与自身文化知识、理解能力、逻辑思维密切相关。如在网球上手发球测试中，学生往往会因紧张而导致失误增加。网球训练理论和其他知识一样，同样包括感知、记忆、兴趣、想象、思维、意志品质等，有生理活动，也有心理活动。在网球运动训练中，充分调动学生心理因素，延长学生学习的兴奋点，激励学生网球学习的自豪感，帮助学生体验网球学习的快乐，适当降低技术的要求，都能让其充分享受项目本身带来快乐的同时而对其又有全新的认识。

（二）结合网球训练特点，降低技术要求

运动心理学告诉我们，运动技能的形成是建立在复杂的、连续的、感受性的运动条件的反射过程中的。学生在接受教师传达信息和学生自己实践时，不易形成完整并正确的概念。这一阶段训练内容、场地和器材对学生来说都是陌生并新鲜的。学生的脑神经受到新异刺激后，会产生跃跃欲试的心理，学生兴奋性便因而提高，加之教师的讲解简

单明了，示范动作正确、清晰、优美，从而能给学生一种美感。网球特点有多变的来球线路，灵活的脚步移动，准确的预判能力，合理的击球动作。在训练中，对学生的技术不应强调过细，面面俱到，要允许学生有自己个性的动作。同时，要强调主要技术应做到正手击球准确自如、反手击球会运用、会发球等，并随时降低技术的难度，使学生产生向往和追求的意识倾向，达到跃跃欲试的心理状态，从而提高完成动作的信心。

在网球教学中，除了合理地运用直观法、讲解法、完整与分解法、防错与纠错法、游戏与比赛法外，还需采用一些新颖的教学方法：如情景法、对比法、激励法、教师参与法等。如采用对比教学法，要学生与自己的过去比、与班内其他同学比，使其看到自己的进步情况。同时，不定期地进行所学动作的测验与每阶段结束后的测验相结合，使学生看到自己在每个阶段的练习效果，从而得到满足，产生更加积极的情绪，这样就有效地激发了其持之以恒的练习兴趣。再如教师参与法是网球教学中一种行之有效的方法。教师与学生一起练习，可以随时向学生发出不同的信号，做出各种示范动作，这不仅有利于教师掌握运动量和运动强度的大小，及时改变练习方法，也有利于师生思想感情的沟通和教师对学生的了解，更有利于提高学生的学习兴趣。

（三）训练中抓住网球技术的难点

学生掌握了基本的技术动作，初步建立了运动动作定型，但不一定是稳定的。当外部条件刺激过于激烈时，它们常会出现多余动作或动作的变形，其心理也随之发生变化，新鲜感逐渐淡薄。主要表现在以下几个方面：

（1）基本动作掌握较好，顺利完成课堂训练任务，对技术提高充满信心，但对于比赛过程中的多变性不能适应，发挥不出自己的技术特点，情绪波动大；

（2）掌握动作慢，认为自己笨，有学不了、练不会、怕别人笑话等信心不足的现象，从而产生自卑感；

（3）基本动作掌握一般，应对考试"比上不足，比下有余"，不求上进，不思进取。

针对网球训练中出现的不同心理活动，要做到区别对待。首先要求学生树立良好的学习动机。这是直接推动学生积极从事学习活动和运动训练的心理动力，这种动力是学生保持积极性的核心，它能促使学生自觉地、积极地去练习。其次对学生提出不同要求，对网球基本技术掌握好的同学，教师要指出其哪项技术合格，哪项技术尚需改进，以及如何改进、完善，然后再加大其练习难度，为学院队选拔队员。对于动作较差的学生，教师要充分肯定其优点，指出差距，并从提供相应的模仿练习、提高其自信心等方面作出具体的教学调节。

（四）活跃训练中的气氛

可以通过游戏练习，充分调动学生上课的积极性。网球运动本身就是一种游戏，在网球训练中就应该体现其游戏性与趣味性。在准备活动时，教师可适当增加一些游戏方法，以此来调动学生的积极性。如在熟悉球性的过程中，教师可采用变网球为垒球的传接练习、双人互相干扰的持指颠球练习、多人的变网球为打口袋练习等，使学生在不知不觉中掌握网球的球性及脚步的练习，提高上课的积极性。

充分研究教材，创设良好的课堂情境训练内容，能使体育课程进行的本身亦含有艺术魅力。其中的关键就在于教师在课堂训练中能否挖掘那些潜在的情趣、情境因素而进行再创造，如综合能力表达、问题提出等。同时，加强体育理论知识的理解与识记，结合项目本身特点及学生生理、心理特点进行因材施教，对一些体育锻炼的意义、价值、方法等相关知识的介绍，会使学生对网球运动本身有个全方位了解。通过业余时间比赛，进行成绩的排名，这样也可以调动学生的积极性，提高学生的自豪感和荣誉感，使学生积极投身到网球专项的学习中来。带有趣味性的语言，则很容易吸引学生的兴趣和注意力。因此，教师在讲解前要勤于思考、善于联想、专于技巧，选择那些既有知识性、科学性，又有趣味性、能动性的专业语言，尽量做到深入浅出，使学生在轻松愉快的气氛下，把讲授的技术动作要领深深地印在脑海中。在网球的训练过程中，教师要重视学生学习的兴趣，不能停留在枯燥无味的训练中。培养学生兴趣的方式和方法是多方面的。就体育教师而言，如果以自己的训练艺术引导学生对网球的兴趣，那么学生就会对其孜孜以求、勤学苦练，从而大大提高学习的效果。

二、网球训练方法的改革与优化策略

（一）调整网球训练中学生的心理

网球运动的体育教学应该遵循网球的特点与规律，体育教师应该从网球训练的实际出发，训练项目太过复杂容易导致学生在网球训练的某个瞬间出现巨大的心理变化，因而要从学生的心理入手，给予学生参与网球训练的正确动机。教师要对网球训练的过程和细节有所准备，通过合理地干预学习动机主动引导学生积极而自觉地参与网球训练。

（二）优化网球训练的过程

在网球训练的过程中学生从泛化走向自动化，学生对网球运动的概念、动作从陌生走向清晰，进而形成网球运动的能力。如果沿用传统的网球训练模式，网球训练将会是复杂、单调、枯燥的，这会影响学生对网球训练和网球运动的认知，缺乏对网球训练的动力。在实际的网球训练中可以采用共同参与法、情景教学法、对比激励法等教学方法，激发学生的兴趣，让学生看到自身的进步，使学生置于团体的氛围之中。

（三）突破网球训练的技术难度

技术难点的突破是网球技术的核心内容，由于青少年在刚开始接触网球时，技术不熟练、训练的系统性不强，因此网球技术和技巧上存在着起伏和变动的情况，这样的情况会导致动作变形，更有甚者会影响训练。

（四）活跃训练的氛围

网球训练前，教练应该充分研究网球的材料，创设良好的课堂情境训练内容。在教学时要注意保持学生的学习热情。在不同年龄阶段教练的态度可以不同，从刚开始带儿童边玩边学到教授其主动学习，培养其刻苦训练的意志力。训练氛围不能一成不变地处于严肃的状态，也不能一成不变地太过欢快，要两者相结合。

三、网球训练方法的优化实践

素质教育要求教育过程注重突出以学生为主体，培养学生多种能力。教师应采取符合网球规律特征和教材特点的方法，从实际出发组织教学。

（一）以情景教学的方式开展教学

由于网球是一个实践性强的项目，故网球教学过程中的练习是一个枯燥无味的过程，教师应运用丰富的教学情境，将其引入课堂，激发学生学习的兴趣和自觉性、主动性，提高学生基本理论知识的实践运用能力。例如，设定一个比赛的情境，利用巧妙的方式，将基本技术的练习引入其中。同时，在每个学习阶段，为学生设定一个符合实际的教学目标，将盲目、枯燥的基本技术练习通过学生竞技比赛的方式表现出来，从而达到促使学生积极主动练习基本技术与战术的目的，以提高学生的学习积极性和实践能力。

（二）因材施教体现教育全体性

因材施教的教学法是指根据学生间的差异情况，为每个学生制定不同的教学内容与目标。将学生分为不同的层次，分别给予不同的要求，让全体学生都能够获得适合自己的学习机会，让每名学生达到充分的发展。学生在身体素质、网球水平和学习能力等方面都有着很大的差异，若教师运用传统"一刀切"的教学策略组织教学，忽略学生间的差异，就会造成基本技术和身体素质较好的同学"吃不够"和身体素质与基本技术较差的同学"跟不上"的后果，不利于学生学习兴趣的保持。在教学中只有不断调动不同层次、不同水平学生的学习主观能动性，做到因材施教，才能充分发挥每名学生的身体和心理素质，才能体现现代教育的全体性，为学生的终身体育打下良好的基础。

（三）针对学生情绪、情感方面的问题，引入情感教学的方法

所谓的情感教学法是指在教学过程中，利用适合的情感教学程序，在情感体验的教学模式下，对学生的情感和情绪问题的改善所制定的一种教学策略。学生学习的动机是建立在良好的认知水平上的，网球的整个教学过程也是学生的一个情感体验过程，这种情感的体验过程在日积月累的作用下才能转化为学生学习的动机和目标，对整个网球的教学起着重要的作用。这就要求体育教师拥有较高的理论水平和过硬的业务能力，要求教师具备较强的个人魅力，仪表举止端庄大方，有独特的教学方式与风格，给学生建立一个良好、愉快的情感体验过程，并将这一过程贯穿到整个学习过程，让学生通过网球课的教学，不但达到锻炼身体和掌握网球运动知识和技能的目的，还可以将这种情感体验延伸到生活的方方面面。

（四）探究式的教学方法

利用引发、促进、支持和指导的方式进行的教学活动称之为探究式教学。在这样的教学方法下，教师可在合理的教学目的下，利用问题情境的设置等方法，激发学生积极合理进行竞争，为课堂创造和谐的气氛。这样的教学方法可以最大限度地对学生掌握基本技术，提高教学效果造成积极的影响。这样的探究式教学方法，符合网球教学应注意的很多特点，不但可以达到确保网球教学过程的安全，还能最大程度提高学生的练习频率，做到场地与器材的利用率大大增加，更加有利于学生对网球技能的掌握与专项的发展。在实际的教学应用与实践中，探究式教学法不仅能让学生明确学习的目的，还能让学生在清晰的教学目标下，有的放矢地开展锻炼，充分调动了学生的学习积极性。学生与学生之间，教师与教师之间彼此激励，保证了整个教学过程的秩序，做到课堂气氛生动活泼。

在素质教育的今天，网球运动以其竞技、健身等锻炼价值，成为高校体育教育的一个重要的组成部分，是实现学生终身体育锻炼的有效途径。只有不断更新教学观念，创新教学方法，才能充分做到以素质教育为指导，突出以学生为主体的教学理念，满足教学需求。只有不断更新观念、提高认识、创新方法模式，才能切实有效加强和提高高校体育网球项目的教学，让网球项目的教学在高校体育工作中起到更大的作用。

第九章　网球运动损伤及其防治

第一节　网球运动损伤治疗原则

一、急性损伤的治疗

急性损伤治疗的目的主要是止血、止痛、消肿，控制炎症反应，恢复正常关节活动范围，进行柔韧性、肌肉力量、耐力、平衡和协调性的练习，最终最大限度地恢复其功能并能无痛地进行所有的活动。但在治疗中，要注意急性损伤的时限，伤后 24 小时内应对受伤的组织进行以下处理。

（1）限制并减少活动，使受损的组织适度恢复，以免加重症状。

（2）用冷疗方法进行处理（对于有心血管疾病及肢体循环不好的病人慎用），目的是加速血管收缩，减少出血，镇痛及缓解肌肉痉挛。

冷疗方法有以下几种。

①冰擦：将冰块用纱布包裹或直接用冰块擦拭损伤部位及周围组织，每次 5~10 分钟，4~5 小时擦一次，第 2 天 5~6 小时擦一次。

②将损伤部位置于冰水混合液中 30 秒后（皮肤潮红）取出，待感觉恢复正常后再放进去，3~4 次为 1 组，每日 5~6 组。

③冰袋敷于伤处，每次 20~30 分钟，3~5 小时重复一次。

④加冰水的冷毛巾敷，20~30 秒更换一次，开始 1~2 小时重复一次，而后 4~5 小时重复一次。

⑤凉水冲泡不少于 5 分钟。

（3）加压包扎（内敷新伤 1 号药膏效果更佳）可减少肿胀及出血，用高弹性自粘绷带或其他适宜的装置来保护损伤部位，缠绕时要从远到近，睡眠时可去除（伤后 24 小时内最好不要去除）。

（4）若四肢损伤，为减少体液的淤积，应适度抬高患处。

伤后 24~48 小时进行以下处理。

①封闭疗法；

②温热水疗法、中药熏洗、淡盐水浸泡；

③理疗如超声波、超短波治疗等；

④按摩推拿；

⑤针灸疗法；

⑥扶他林等外用药涂擦等。

二、慢性损伤的治疗

对慢性损伤，需要经过专业医生诊断后再根据具体情况给予不同的处理。在训练时应动作规范，避免形成不良运动姿势和习惯。重复练习某一动作（如发球）时，不宜持续过长时间。避免单一训练形式，加强预防是每位体育锻炼者必须注意的问题。

（1）重视并做好锻炼前的准备活动，牵拉肌肉、韧带要充分。

（2）训练要遵循由少量开始、循序渐进的原则，用力适度，开始阶段的运动时间不宜过长。不要带伤继续运动。

（3）要重视基本体能训练。提高肌肉的力量及柔韧性，使自己能够适应网球运动的强度。

（4）加强易伤部位的防护，佩戴适宜的护具。坚持使用支持带，如护肘、护腕、护膝、护踝、护腿等。物理康复治疗对于运动损伤治疗有不可替代的作用。

（5）抓紧急性损伤的治疗，伤后要注意休息，减少急性损伤变成慢性损伤的可能。在发生运动损伤时，遵循急性损伤治疗原则（休息、冰敷、加压包扎、抬高患肢），应用抗炎止痛类药物。

（6）重视运动前的"热身"和运动后的"冷身"。做好训练后的整理活动，使肌肉充分放松。

第二节　网球运动常见损伤及治疗

一、网球肘

（一）网球肘损伤原因及症状

网球肘又称肱骨外上髁炎，是骨科的一种常见疾病。网球肘疾病的本质是肱骨外上髁部伸肌总腱的慢性损伤性肌筋膜炎。腕部持重或活动过度与发病有直接关系。多数情况下是由于小的损伤积累而逐渐出现的，也有一次性损伤所致的。网球运动中多是动作不正确或是球拍过重、多次重复单一动作造成的前臂肌肉紧张过度。症状是肘部痛，从而转化为整个手臂疼。

网球肘的临床特点是，活动时做某一动作时肘部外侧自觉疼痛，多数没有明显的外伤史，症状逐渐加重，疼痛变为持续性，甚至夜间肘部疼痛而影响睡眠，也可出现手臂无力。

（二）治疗方案

常见的治疗措施是停止运动，按摩，固定肘关节，进行必要的休息。预防方法是增加臂力练习、纠正错误动作、选择合适重量的球拍等。

（1）早期，可在活动时减量或休息，待不痛后再活动，也可用扶他林等外用药擦拭（注意药物应用之前先用温热水浸泡肘关节几分钟，再将 2~3 毫升药物涂到患处，用手指稍加用力擦拭效果更好）。

（2）可采用按摩治疗、封闭疗法等。

（3）活动时带护肘或用弹力绷带缠绕前臂。

（4）手术治疗。对于久治不愈而严重影响生活者，可行关节镜下手术或切开手术。

（三）康复锻炼

预防网球肘，可进行如下练习。

（1）肘关节屈曲 90 度，腕关节尽力做掌屈前旋练习，每日 50~100 次，可分 2~3 组练习。

（2）拍打伸肌群，以有酸痛感为度，每组 50 次左右，每日 2~3 组。

（3）自我按摩伸肌群，以压、揉、拿、捏为主，有酸痛感为度，每次 10~15 分钟，每日 1 次。

二、跟腱断裂

（一）损伤原因及症状

跟腱断裂是一种常见的运动伤病，又称跖肌腱断裂，因多见于网球运动员，故名"网球腿"。跖肌是肌腹短小而肌腱细长的一种退化的肌肉，它的受伤往往发生在膝关节伸直时足突然用力提踵起跳的瞬间。伤势轻则影响运动，重则当即可听到断裂声或感到小腿后侧有被球"击中或中弹"的痛感，受伤后行走困难，疼痛剧烈，肿胀，皮下淤血，关节活动明显受限。其受伤原因多是突然发力或剧烈运动时急停、变向，跟腱韧带劳累过度等造成。症状可表现为足部表面无异常现象但有剧烈撕裂疼痛。

（二）治疗方案

紧急措施是快速用冰块冷敷受伤部位，固定踝关节，抬高患肢，去医院就诊。预防方法是充分做好热身活动。

（三）康复锻炼

预防网球腿，要加强小腿肌肉的力量和柔韧性训练，每次运动前特别是天气寒冷和阴雨天时要充分做好准备活动，运动中可用护腿或弹力绷带保护，运动后应进行踝关节背伸练习 50~100 次。

三、膝关节损伤

（一）损伤原因及症状

膝关节损伤是一种常见的运动损伤，原因非常复杂。可能是膝关节韧带紧张过度，先天膝关节脆弱等造成，也可能是在比赛中由于需要快速变向以及脚着地时地面对膝关节所造成的冲击力造成的。症状是紧张、剧烈运动或负荷过重时疼痛，伴有水肿。最常见的损伤是髌腱炎、膝关节韧带和软骨损伤以及半月板撕裂。

1.髌腱炎

髌腱炎又称"跳者膝"，表现为髌骨下缘压痛。常见于需要反复弯曲膝关节、经常跳起的运动，如网球、篮球、排球和跳远等。髌骨肌腱在膝关节的运动中起着极其重要的作用，并承受很大的压力，连续地跳跃和剧烈冲击会导致髌腱受损。髌腱炎的症状为髌骨周围局部疼痛和肿胀，在伸膝时症状加重。

2.半月板撕裂

半月板位于膝关节外侧和内侧，大腿骨（股骨）和小腿骨（胫骨）之间。在体育运动时，半月板起到支持、保护和缓冲的作用，但某些动作可能会挤压半月板，一旦超出其承受极限，就有可能发生半月板的撕裂。

（1）半月板撕裂的原因

半月板撕裂需要两个前提条件，即股骨和胫骨间的挤压和旋转。在网球比赛中，如果选手用的身体旋转去接球，而双足仍然固定在原地时就非常容易发生半月板撕裂。

（2）半月板撕裂的症状

症状通常包括严重的局部疼痛、肿胀和活动受限，同时还会出现"打软腿"、弹响、绞锁等症状。

（二）治疗方案

对于膝盖损伤国内一般采用恢复性的保守治疗。国外手术治疗比较多，主要是膝盖方面的劳损性的治疗。一般可先去医院拍 X 线片，若 X 线片查找不出原因应进一步做CT 检查半月板有没有问题。排除这些后，可能就是膝盖韧带损伤，可找个正规推拿医师帮助推拿复位。

1.髌腱炎的治疗

髌腱炎最常用的治疗方法包括休息、冰敷以及用消炎止痛类药物，物理康复治疗也有帮助。

2.半月板撕裂的治疗

范围很小的半月板撕裂有可能自行愈合，不过需要很长的时间（约6周）。在此期间应该尽可能休息，使用拐杖，避免患肢负重。涉及较大范围的半月板撕裂则需要手术治疗。根据撕裂的不同部位、形态和程度，可以进行半月板缝合或者半月板部分切除。

无论是保守治疗还是手术治疗，后期都需要物理康复师的参与以恢复膝关节的活动范围和肌肉力量。

（三）康复锻炼

预防和治疗包括做好充分准备活动，加强关节力量练习，做到技术动作正确，少做变向跑，选合适的鞋子、戴护膝等。膝关节损伤的预防，应在专业教练指导下进行。运动前后，进行充分的热身和冷身（慢节奏运动）；佩戴适当的膝关节支具（护膝）、提踵及其他小腿肌肉训练。下面介绍两个康复方法。

1.靠墙静蹲

背靠墙站立，双足前移一小步，屈膝下蹲使身体重心下降，直至大腿与地面平行。如果下蹲出现疼痛，可控制在疼痛点出现前停止，保持半蹲位。尽可能维持最长时间，或每次20~30秒为一组，完成3~5组。靠墙静蹲可以很好地帮助运动员增加膝关节的稳定性，康复和预防膝关节损伤。

2.单腿平衡

单腿支撑，保持身体呈直立，尽量保持最长时间，或者每次20~30秒为一组，完成3~5组。还可以闭眼完成练习，或使身体重心上下移动，即支撑腿适度进行屈伸活动的同时保持身体平衡。由此帮助提高身体平衡能力，以及踝、膝关节、躯干的稳定控制能力，对预防、康复下肢和腰部损伤很有作用。

四、肌肉拉伤

（一）损伤原因及症状

肌肉拉伤是指在运动过程中，肌肉急剧地收缩或者过度牵拉所引起的伤痛。会发生这种情况通常有以下原因：准备运动做得不充分，肌肉的生理机能不能适应运动状态；平时训练不足，肌肉的力量和弹性不足；运动过量致使肌肉疲劳、过度负荷，令肌肉的力量减弱、协调性降低，整体机能下降；在动作完成时，肌肉过度收缩或者被过度拉长超过了肌肉的负担能力。在发球、高压球及正反手击球时都有可能造成肌肉拉伤。网球活动时腿部及手臂肌肉是容易拉伤的部位。肌肉拉伤后，拉伤部位剧痛，用手可摸到肌肉紧张形成的索条状硬块，触痛明显，出现局部肿胀或皮下出血，活动明显受到限制。

（二）治疗方案

肌肉拉伤后，要立即进行冷处理。用冷水冲局部或用毛巾包裹冰块冷敷，然后用绷带适当用力包裹损伤部位，防止肿胀。要放松损伤部位肌肉并抬高伤肢，可服用一些止疼、止血类药物。受伤 24 小时后，根据伤情可外贴活血和消除肿胀的膏药，可适当热敷或用较轻的手法对损伤局部进行按摩。拉伤治疗步骤如下。

（1）韧带和肌肉拉伤之初，受伤部位会出现红肿、充血的症状，此时要马上停止运动，尽量不让受伤腿承重，避免伤势加重。

（2）用冰块袋进行冷敷处理，以缓解疼痛和肿胀症状，每次冷敷 15 分钟左右，每天 3 次。

（3）可以用透气性好的绷带对伤处进行包扎，这可以缓解淤血症状。绷带的松紧度要适中，同时抬高病患处，避免淤血。伤后一周内不要跑跳，可以做一些幅度较小的伸展运动。

（4）伤情得到有效控制后，建议到医院进行检查处理，采用按摩、针灸、外用药膏的治疗方式。

（三）康复锻炼

第一，重视热身运动。专业运动员对热身运动都是非常重视的，相反初学者对热身运动不太重视。一般来讲，热身运动应该是 10~20 分钟，通过放松肌肉、牵拉运动、轻度的活动"提醒"肌肉马上就要进行大运动量的活动了。

第二，运动量要讲究循序渐进。运动量主要包括运动时间和运动负荷，很多人平时的运动量是半小时，突然增加到 1~2 小时；或者平时负重 15kg，突然增加到 30~40kg，这样容易造成运动损伤。

第三，加强运动理论的学习。学习运动理论至关重要。很多技巧性的运动项目，如果姿势不正确，或者动作不规范，都很容易造成运动损伤。业余爱好者更是应该加强运动理论的学习，掌握正确的运动方法。

第四，加强局部保护。比如佩戴护具，加强局部组织的保护。

第五，运动前适当补充能量和电解质。

五、踝关节扭伤

（一）损伤原因及症状

由于网球运动的脚步动作包含很多侧向移动，踝关节扭伤就成为常见的损伤。一般而言，当关节受到压力作用时会产生扭伤，但如果其力度超过关节移动范围时还会伤及韧带。踝关节内翻是网球运动中较常见的现象。损伤的原因往往是足尖向内过度内翻旋转，同时足外侧着地，相对薄弱的踝关节外侧副韧带容易受到损伤。造成损伤的原因可能是急速变向、场地湿滑摔倒、脚踩到球等。表现为踝关节内侧疼痛、肿胀、活动受限、行动困难。重者足内翻或外翻畸形，足背与踝部有皮下瘀斑，局部压痛明显。而踝关节内侧副韧带损伤相对少见，仅占踝关节扭伤的 5%~10%。根据受损程度不同，韧带可能受到过度张力而引起撕裂的程度会不同，从而导致踝关节不稳定。

（二）治疗方案

踝关节扭伤是网球运动中常见的损伤。多数情况下，严重的扭伤可引起踝关节外侧关节囊撕裂、踝部骨折。踝关节扭伤后48小时内尽早实施以下措施。

（1）限制（制动）。停止活动，避免患侧下肢负重。

（2）冷敷肿痛部位（用冰块、冰袋、冷制品等）10~15分钟，每天数次，每次20分钟。不要让冰块直接接触皮肤，可用毛巾隔离，避免冻伤皮肤。

（3）立即使用弹力绷带加压，可以预防踝关节肿胀。踝关节在肿胀消退前不建议使用黏胶支持带包扎固定。

（4）尽量将小腿和踝关节抬起高过心脏水平（比如，躺下并在腿下放置几个枕头）。

及时而有效的急救措施对于加快扭伤恢复十分重要。严重扭伤患者应及时到医院就诊，排除是否存在骨折，并根据伤情配置拐杖或者石膏支具。

（三）康复锻炼

1.踝关节训练

坐于平地，把毛巾铺在前面的地板上。将患足放在毛巾上，足跟和足趾都要着地，使患足带着毛巾向前（伸直膝关节）、向后（弯曲膝关节）交替滑动。注意要始终保持足跟和足趾贴地。

2.单腿平衡训练

患足单腿站立，张开双臂保持平衡。再闭上眼睛，试着保持平衡。

3.踝关节外侧肌力训练

双脚着地坐在椅子上，将弹力绳一端系在椅子或健侧腿上，另一端系在患足中部。屈膝90度，向外抗阻活动踝关节，抵抗弹力绳的阻力，尽量保持足背外侧面向上（踝关节外翻位），以训练踝关节外侧肌肉力量。重复10~20次，训练中保持膝关节和大腿固定，主要由踝关节摆动进行。

4.加强训练

当能够完成以上训练且步行无痛时，便可进行加强训练。弹跳训练是锻炼踝关节和小腿肌力的好方法。要注意循序渐进，从每天1分钟开始，逐渐过渡到每天10~15分钟。在软地（如草地或毛毯）上进行时，可穿网球鞋或跑步鞋。上述练习完成后，可以开始慢跑。从热身活动开始，进行直线跑，然后加入起跑和刹停训练。

5.重返球场

从训练墙和小赛场开始，逐渐增加活动范围至球场底线区域，根据球的位置小步幅移位。1~2 周后，进行低截球训练并开始进行长距离底线的网球练习，接着进行发球。在此期间，重点在增加踝关节的负荷量，避免剧烈运动，当用力跳跃无疼痛时，可进行正常练习。

6.降低踝关节扭伤风险

降低踝关节扭伤风险应注意以下几点。

（1）训练和比赛前后做好充分的热身运动和整理活动，时间 10~15 分钟。

（2）重视肌肉拉伸训练，特别是腓肠肌。

（3）加强训练应逐步进行，以使机体适应额外负荷。

（4）穿着合适的、稳定性好的网球鞋，并注意鞋带的系法。理想的网球鞋要有好的避震效果、侧方支撑，抓地力强并且舒适。

（5）移开球场上的球以防绊倒。

（6）通过跑步、骑脚踏车提高体能。大多数损伤发生在人体疲劳时，常发生在比赛的最后阶段，或一天运动的最后阶段。体能越好，损伤发生率越小。

（7）通过协同训练或平衡训练提高踝关节周围肌肉的本体感觉和力量。单腿站立是常用方法，可以用平衡板提高难度。

（8）绷带、踝关节护具或高帮鞋可以保护踝关节内外侧副韧带。特别是损伤后最初的三个月使用，可明显降低再损伤率，而不会减小踝关节力量。

六、肩关节损伤

（一）损伤原因及症状

肩关节损伤分为很多种，这里介绍肩袖损伤。这种损伤是由于受到意外创伤或极大的外力造成的，受伤后要及时治疗，如果受伤后不及时治疗可能留下后遗症。肩关节的肌肉、韧带、关节囊等负荷过大，多是由于发球、高压球用力过猛造成的。症状是肩关节在发球、抽球、高压球等时出现疼痛。保护措施是停止运动，短时间内固定肩关节。预防手段是加强肩部肌肉的练习，做好准备活动，完善发球、击球、高压球的技术动作。

临床表现为肩痛反复发作，严重者夜间痛至影响睡眠，不能向患侧躺卧；疼痛主要位于肩部前上方，沿上肢外侧向三角肌止点放射；肌肉力量下降，特别是试图举起上臂时力量减弱；关节活动度可受到不同程度的限制。

（二）治疗方案

疾病诊断：除病史、临床症状外，X 线片可显示肩袖损伤的间接征象，包括钩型肩峰，肩袖止点的变化，肱骨头位置上移等。B 超或 MRI 检查诊断正确率达 95%。

治疗：肩袖损伤后自身无法愈合，部分损伤或症状轻微的小撕裂可行保守治疗，给予非甾体抗炎药、理疗、肩峰下局部封闭等以缓解肩部疼痛。部分损伤保守治疗 6 个月无效时，可采用手术治疗。保守治疗期间及术后早期，避免肩关节过度活动，避免撕裂程度加重。

1.充分做好准备活动

全身活动 5~15 分钟，如跑步，徒手操等，然后进行有针对性的专门练习：做几节活动上体和上肢的哑铃操（如扩胸、侧平举、肩关节绕环等），或用轻器械做 2~3 组卧推、臂弯举等练习，使肌肉、韧带等组织达到一定的"热度"，让关节的运转灵活起来。有人把伸展活动当作准备活动，这样不行，因为它不能有效地"加热"身体，应与其他活动并用，或在准备活动后采用，才能达到目的。

2.动作幅度不宜过大

众所周知，深蹲幅度过大易使膝关节受伤。同理，肩关节运动幅度过大，用力过猛，也会使关节周围组织受伤。比如，做仰卧飞鸟时，手臂不宜低于躯干；做卧推时，为减缓肩部的压力、张力，推起时不应"锁肩"，屈肘时肩胛骨前伸，要尽量依靠胸大肌、背阔肌的收缩来完成动作。

3.不要锻炼过度

锻炼中肩关节用力频繁、负荷较重，故锻炼安排要力求合理。比如，胸大肌和背阔肌练完后，就不宜再对肩部进行较大强度的训练；练三角肌时要考虑到肩部的承受力，以免局部肌肉和关节负担过重。

4.全面发展

要制定科学的锻炼计划，并严格执行，以使全身各部位的肌肉得到均衡发展。这是防止运动损伤的有效保证。

七、手腕损伤

（一）损伤原因及症状

网球运动常见的腕伤主要有两种：一种是过度运动所致的损伤；另一种是由错误动作引起的腕部扭伤。两种损伤都会引起疼痛和腕关节活动障碍。由于手腕关节结构复杂，功能灵活，保护装置弱，打球时前臂反复旋前、屈腕和背伸尺侧偏，使约束下尺桡关节的背侧韧带和腕三角软骨盘不断受到牵拉、碾磨和挤压，而引起组织劳损变形。另外，有人在打球时为了加强正手击球的进攻性，常在正手挥拍时，利用手腕的快速提拉和抖动来增加球的旋转性；拍弦过紧也可能导致腕关节损伤。

（二）治疗方案

治疗：外敷活血散、接骨散是最佳的选择。内服舒筋活血汤可舒筋通络，行气活血。急性手腕扭伤应立刻找冰块冷敷加压（加压的意思就是稍微紧一些，但是一定随时注意观察手指尖的皮肤颜色，跟正常的手指尖颜色对比，颜色不同时，立刻解除包扎）包扎。在康复期间，避免手臂负重，以防止再次受伤。每天可以适当活动一下手掌、手腕，也可以做些护理或理疗。

（三）康复锻炼

加强手腕关节的功能锻炼，可以手握哑铃或者采取其他阻力进行屈伸、收展、旋转运动，锻炼时注意循序渐进。

八、腰部损伤

（一）损伤原因及症状

"腰肌劳损"是引发腰部病痛的主要原因之一，但医学上并没有"腰肌劳损"这一名称，它其实是腰背部纤维炎、腰背筋膜疼痛综合征、第三腰椎横突综合征、腰骶韧带损伤等一些肌肉韧带损伤的统称。腰肌劳损发生的原因：脊柱负荷过重，腰部肌肉紧张过度，脊柱出现畸形或椎间盘突出。症状是腰部僵直、有刺痛感，时常感到腰部酸胀、疼痛又无力。站久了、走远了甚至坐多了，又或者受潮、受寒、受风的时候，疼痛感就会翻倍。损伤原因多数是长期不良姿势（如久坐、久站、搬抬重物等）致腰部负担过重，腰肌长期处于高张力牵拉状态。

（二）治疗方案

对于腰部损伤，最有效的治疗措施是停止运动，热敷及按摩疼痛部位，去医院治疗。预防方法是经常加强肌肉锻炼，增强腹部和背部的肌肉力量，建立身体肌肉平衡。适当休息以缓解症状，定时改变姿势；避免弯腰拾物；必要时可在打球中使用护腰。

（三）康复锻炼

适当进行体育锻炼也会对腰部的恢复有所帮助。由于腰骶关节是承受身体重量的大关节，是腰部活动的枢纽，因此有目的地加强腰背部肌肉的锻炼，如做一些前屈、后伸、侧弯、回旋以及仰卧坐起的动作，使腰部肌肉发达有力，韧带坚强，关节灵活，可增加未受损肌肉的代偿能力，同时也是预防慢性损伤发生的关键性措施。下面为大家介绍一些有效的体育锻炼方式。

（1）使用伸腰训练器，可锻炼腰腹肌肉，增强腰部柔韧性。方法：双手抓住伸腰训练器的两侧把手，腰部向后靠在其弯曲板上，身体尽量向后做伸展运动。

（2）使用仰卧起坐平台，可增强腰腹肌力量和下肢柔韧性。方法：仰卧于架上，踝关节置于横杆下，双手交叉贴于脑后，起坐身体向前弯，双肘触膝，然后返回原位。

（3）平板支撑。以双足尖和双肘支撑，腹部朝下，身体成一直线，保持 30~90 秒为一组，完成 3~5 组。这个练习对于肩部、躯干、腹部肌肉有很好的锻炼作用，可以预防腰部的损伤。

九、肌肉痉挛

肌肉痉挛是指肌肉突然或不自主地强直收缩的现象，会造成肌肉僵硬、疼痛难忍。造成肌肉痉挛的原因可能是体力不支、天气太冷而引起的肌肉僵直，或者天气太热、出汗过多而使盐分损失过多所致。症状是痉挛部位的肌肉突然伴有疼痛和无法控制的僵硬感。紧急治疗措施通常是向相反的方向牵引痉挛的肌肉，使之拉长，一般疼痛都可以得到缓解。处理时要注意保暖，牵引用力要均匀，切忌暴力，以免造成肌肉的拉伤。肌肉痉挛的预防是要加强身体的锻炼，提高耐力为主的身体素质；运动前，必须认真做好准备活动，对容易发生痉挛的肌肉可先做适当的按摩，不可突然进行用力动作；在高温或进行长时间剧烈运动时，应及时补充电解质，身体疲劳时应注意休息。

（一）损伤原因及症状

腿部肌肉痉挛大多是缺钙、受凉、局部神经血管受压引起。平时可适量补钙，多晒太阳，注意局部保暖，也要注意体位的变化，如坐姿、睡姿，避免神经血管受压。也可做局部肌肉的热敷、按摩，加强局部血液循环，如果仍无改善，就应到医院检查治疗。下列几种情况较易引起肌肉痉挛：①经过长时间运动而形成肌肉疲劳时，仍持续运动；②局部血液循环不良，水分和盐分流失过多；③严重腹泻、呕吐和饮食中的矿物质（如镁、钙）含量不足；④环境温度突然改变；⑤肌肉或肌腱损伤；⑥情绪过度紧张；⑦以不适当的姿势从事运动或肌肉协调不良等。

（二）治疗方案

（1）急剧运动时腓肠肌突然觉得疼痛、收缩时，要马上抓紧拇趾，慢慢地伸直腿部，待疼痛消失时进行按摩。

（2）小腿或脚趾肌肉痉挛：用痉挛小腿对侧的手，握住抽筋腿的脚趾，用力向上拉，同时用同侧的手掌压在痉挛小腿的膝盖上，帮助小腿伸直。

（3）手指、手掌痉挛：将手握成拳头，然后用力张开，再迅速握拳，如此反复进行，并用力向手背侧摆动手掌。

（4）上臂肌肉痉挛：将手握成拳头并尽量屈肘，然后再用力张开，如此反复进行。

（5）大腿肌肉痉挛：弯曲痉挛的大腿，与身体成直角，并弯曲膝关节，然后用两手抱着小腿，用力使它贴在大腿上做震荡动作，随即向前伸直，如此反复进行。

急性期的处理（也就是痉挛发生时的处理）为：患者需即刻休息，对痉挛的部位轻轻按摩，并将痉挛部位的肌肉轻轻拉长。因为当肌肉拉长时，会使肌腱的张力增加，当张力达到某一强度时，大脑为了避免肌腱受伤会释放信息放松痉挛的肌肉。拉长肌肉时不可用力过猛，以免拉伤肌肉造成二次损伤。

（三）康复锻炼注意事项

（1）避免在通风不良或密闭的空间做长时间或剧烈的运动。

（2）长时间运动之前、中、后，应保证足够的水分和电解质的补充。

（3）在日常饮食中摄取足够的矿物质（如钙、镁）和电解质（如钾、钠）。矿物质的摄取可从牛奶、酸奶、蔬菜等食物中摄取，电解质可从香蕉、柳橙、芹菜等天然食物或一些低糖的饮料中获得。

（4）不穿太紧或太厚重的衣服从事运动或工作，运动前检查保护性的贴扎、护套、鞋袜是否太紧。

（5）运动前做充足的准备运动和伸展，不做过度的练习，以放松的心态从事运动。

（6）冷天运动后须做适当的保温，如游泳后应立即把泳衣换掉，穿上保暖的衣物。

（7）运动前对易痉挛的肌肉做适当的按摩。在睡觉前需做一些伸展，尤其是易痉挛部位的伸展。

十、中暑

（一）损伤原因及症状

中暑是由于人体因高温而发生的急性疾病。根据其主要发病机制和临床表现，中暑常分为三种类型：①热射病，受日光直接暴晒的热射病，又称日射病，是因高温引起体温调节功能失调，内热过度蓄积，临床以高热、意识障碍、无汗为主要症状。②热痉挛，又称中暑痉挛，是由于失水、失电解质引起的肌肉痉挛。③热衰竭，又称中暑衰竭，主要因对高温环境不适应，引起虚脱或短暂晕厥，此类昏厥又称热昏厥。

一般在 35℃以上的高温环境中，人们极易中暑。轻微的中暑，会导致头痛、头昏、恶心乏力，若不采取保护措施，让病情继续发展，就会大量脱水，症状会进一步加重，导致极度乏力、反应迟钝、萎靡不振，更严重的还会出现脑水肿、昏迷、全身痉挛、抽风，直至死亡。在高温条件下进行体力活动或非体力活动都可能引发严重中暑，如得不到及时妥善的救治，死亡率可高达 50%。

（二）治疗方案

治疗时迅速将病人抬到通风阴凉处，取仰卧、头高位，安静休息，解开衣服；用凉水擦浴，通风，头部和心前区放置冰袋等；清醒者可补充电解质，静脉滴注葡萄糖生理盐水；可服十滴水、人丹等防治中暑的药品。如果出现心力衰竭、呼吸困难、皮下出血、全身皮肤发黄、昏迷应送医院急救，切勿耽误病情。

（三）康复锻炼预防

预防方法是避免在高温下长时间运动，注意休息并定时补充水分。如果感觉身体发热，可用藿香正气水、风油精等擦拭，蒸发散热。进行网球运动时，应戴遮阳帽、太阳镜，涂抹防晒用品，准备充足的饮料等。

参考文献

[1]吕雪松，陈丽娟.重庆市青少年网球运动发展现状调查研究[J].西南师范大学学报：自然科学版，2018，43（8）：77-82.

[2]赵东勇.安徽省普通高校网球运动开展现状调查研究[J].蚌埠学院学报，2018，（1）：59-64.

[3]金胜真，刘占锋，郭志光.青少年精英网球运动员与职业网球运动员竞技表现特征差异研究[J].武汉体育学院学报，2023，57（2）：91-100.

[4]刘雨，周继和.对世界优秀男子网球运动员不同站位发球技术的运动学对比分析[J].体育科学，2020，40（8）：58-64.

[5]刘占捷.中国青少年网球运动员培养模式研究[J].广州体育学院学报，2019，39（2）：88-90.

[6]王诗瑶，栗亚妮，李夏雯.网球运动员对动态线索的加工优势及其 ERP 特征[J].成都体育学院学报，2018，44（1）：104-109.

[7]张曦，王亚文.中外优秀女子网球运动员身体形态及年龄特征的比较研究[J].内蒙古体育科技，2022，（3）：1-2.

[8]孙毅.核心力量训练对青少年网球运动员发球准确性的影响及对策探究[J].当代体育，2021，（1）：1-1.

[9]郭公浦.适当网球运动对肌肉拉伤患者机体恢复效果影响[J].饮食科学：下半月，2020，（9）：1-1.

[10]田武韬.网球运动中的物理原理解析[J].中学物理教学参考，2018，47（24）：78-79.

[11]徐仲徽.网球运动者休闲参与动机和满意度之研究[J].文化体育学刊，2019，（1）：39-51.

[12]程浚.对我国青少年网球运动员体能训练指导思想的研究[J].考试周刊,2018,(24):139-139.

[13]刘畅,唐建军,高凯.高水平男子网球运动员功能性动作能力与专项身体素质的相关性研究[J].成都体育学院学报,2018,44(2):86-91.

[14]吴强.新世纪西班牙男子网球运动竞技优势形成机制[J].体育学刊,2018,25(6):132-136.

[15]王丽岩,陈梦飞,王洪彪.面部表情还是肢体语言:如何判断网球运动员比赛情境中的情绪变化?[J].中国体育科技,2021,57(1):72-80.

[16]王锋,张志华,陈芳芳.短期单腿栏架训练对网球运动员侧向起动及短距离加速表现的影响[J].成都体育学院学报,2019,45(2):87-94.

[17]李静,王赫.保发压力下中外优秀女子网球运动员状态焦虑与自我控制的差异[J].体育学刊,2020,27(4):140-144.

[18]王擎宇.菌类食品对网球运动训练效果的促进作用[J].食品研究与开发,2022,43(17):12-13.

[19]夏永桉,祁兵,吴声远.时空信息量与运动水平对网球运动员接发球预判的影响[J].天津体育学院学报,2021,36(4):478-484.

[20]李媛,谢红,邓红琼.运动护具对网球运动中上肢防护的影响[J].毛纺科技,2018,46(6):71-77.

[21]马孝刚,张志华,史兵.国际视域下关于网球运动员的研究路径与热点演化分析[J].山东体育科技,2018,40(5):55-64.

[22]陈经城.新时代我国网球运动产业化发展路径研究[J].广州体育学院学报,2021,41(5):29-31.

[23]由召旺,李庆有.临沂市三区网球运动开展现状及对策研究[J].体育科技文献通报,2019,27(6):158-160.

[24]孟凡明,黄文敏.基于决策树法的女子网球运动员致胜因素量化分析[J].吉林体育学院学报,2019,35(5):43-47.

[25]张子愚,李庆有,岳明晓.美国和日本青少年网球运动管理的现状[J].体育科技文献通报,2018,26(8):133-135.

[26]茹仙古丽·吐尔逊.茼蒿对网球运动员身体运动表现研究[J].食品安全质量检测学报,2021,(13):5209-5214.

[27]许正凯.网球运动中持拍手关节损伤防护及运动生物力学研究[J].医用生物力学，2021，36（S01）：350-350.

[28]樊云.核心训练搭配阻力训练可显著提升女子网球运动员技能表现[J].基因组学与应用生物学，2018，37（11）：1-2.

[29]张卫，张志斌，陈德志.离心训练对青少年网球运动员移动技术影响的研究[J].广州体育学院学报，2019，39（6）：68-73+78.

[30]刘亚，董传升.手感扰动机制与网球运动技术系统复杂性模型的优化[J].成都体育学院学报，2019，45（5）：102-107.

[31]李承龙.浅析网球运动训练中的营养供给[J].食品研究与开发，2020，394（21）：236-236.

[32]牟柳，郭立亚，陈马强.基于因子分析的世界男子网球运动员单打制胜能力模型研究[J].西南师范大学学报：自然科学版，2019，44（6）：116-122.

[33]杨战广.长期网球运动对男大学生骨密度血脂血液免疫球蛋白的影响[J].中国学校卫生，2018，39（9）：1371-1373.

[34]吕秉川，何文盛.设置目标物对青少年网球运动员发球准确性的影响研究[J].文体用品与科技，2022，（16）：77-79.

[35]荣帏帏，徐祥峰.我国业余男子网球运动员竞技能力特征研究——基于第十四届全运会群众比赛网球决赛男子单打冠军的分析[J].运动精品，2022，41（6）：88-92+95.

[36]夏文艺.核心力量训练对网球运动员正手击球效果的影响研究[J].运动-休闲：大众体育，2022，（9）：73-75.

[37]卫扬平.基于背景差法的网球运动员击球运动轨迹线形捕捉方法[J].商丘职业技术学院学报，2022，21（6）：80-85.

[38]汪克新.体能训练对青少年网球运动员身体素质的影响研究[J].田径，2022，（7）：30-31.

[39]胡春，张铁熊.高校网球运动员功能性动作筛查与纠正性训练研究[J].体育科技文献通报，2022，30（9）：176-179.

[40]李玉，王安利，黄鹏.神经肌肉训练对网球运动员下肢跳跃测试的影响[J].四川师范大学学报：自然科学版，2022，45（5）：704-710.

[41]王檬锰，宋学岷，赵维涛.大学生网球运动参与与自我效能感，主观幸福感的关系研究——以郑州工商学院为例[J].体育视野，2022，（2）：23-25.

[42]杨静，李品芳，陈建才.世界优秀女子网球运动员不同盘次竞技表现差异性分析——以 2021 年澳大利亚网球公开赛为例[J].安徽体育科技，2022，43（6）：35-39+76.

[43]张文天.发轫于心柏衍谈网球运动员从青少年迈向职业的心智成长[J].网球天地，2022，（12）：28-30.

[44]闫娟.表象训练对高校网球运动员正反手击球准确性的影响[J].冰雪体育创新研究，2022，（1）：158-160.

[45]刘蕊.青少年网球运动员体能训练方法研究[J].田径，2022，（5）：30-32.

[46]余亮，孙宇岸.成都市群众网球运动推广策略研究——以高新区桂溪街道为例[J].文体用品与科技，2022，（21）：131-134.

[47]李承伟.青少年网球运动员体能训练方法与技战术能力培养研究[J].灌篮，2022，（10）：22-24.

[48]杨华华，赵验生，赵春元.浅析"竞技势能"视角下我国青少年网球运动员的培养[J].体育师友，2022，45（2）：16-18.

[49]唐荷花.大学生业余网球运动自主学习困境及干预模式研究[J].冰雪体育创新研究，2022，（6）：114-116.

[50]韩格格.对女子网球运动员发球成功与失误的运动学分析[J].体育视野，2022，（11）：85-88.

[51]张文天.放慢节奏静待花开易景茜谈青少年网球运动员的选材与训练[J].网球天地，2023，（1）：44-45.

[52]谭大强.优秀网球运动员竞技能力特征及其提升策略研究[J].运动-休闲：大众体育，2022，（23）：25-27.

[53]杜晓敏."体医融合"背景下医学院校网球运动的构建体系——以西南医科大学为例[J].运动-休闲：大众体育，2022，（13）：112-114.

[54]姜蓉.网球运动训练体能与技战术能力的监控探讨[J].冰雪体育创新研究，2022，（14）：167-170.

[55]米宏伟，王缓.大数据背景下可穿戴设备在网球运动中的应用进展[J].赤峰学院学报：自然科学版，2022，38（2）：88-92.